초록 심장을 품다 ─────

황수대

대전에서 태어났다. 고려대학교 대학원에서 「1930년대 동시 연구」로 박사학위를 받았다. 고려대학교, 한경국립대학교, 청주대학교, 세명대학교 등에서 문학과 글쓰기를 강의했다. 2007년 제5회 푸른문학상 '새로운 평론가상'을 받았고, 2020년 제9회 이재철아동문학평론상을 받았다. 지은 책으로는 『동심의 눈으로 바라보는 세상』, 『직관과 비유의 힘』, 『목일신 평전』 등이 있다. 현재 계간 《동시 먹는 달팽이》 발행인 겸 주간으로 일하고 있다.

황수대 평론집

초록 심장을 품다

펴 낸 날	2025년 7월 25일
지 은 이	황수대
펴 낸 이	김수왕
펴 낸 곳	도서출판 초록달팽이
출판등록	제572-2021-000022호
주　　소	28761 충북 청주시 상당구 호미로 168 (2층)
전자우편	dalpaeng-i@naver.com

ⓒ 황수대 2025

ISBN 979-11-93400-26-5

* 이 책 내용의 일부 또는 전부를 사용하려면 반드시 저작권자와 도서출판 초록달팽이 양측의 동의를 받아야 합니다.

* 이 책은 충청북도, 충북문화재단의 후원을 받아 예술창작활동지원사업의 일환으로 발간되었습니다.

황수대 평론집

초록 심장을 품다

초록달팽이

책머리에

올해 많은 일이 일어났다.
사랑하는 어머니가 곁을 떠났고
또 하나의 소중한 생명이 찾아와 그 자리를 채웠다.
사는 일은 결국 이별과 만남의 연속이란 생각이 든다.

네 번째 평론집을 펴낸다.
매번 책을 낼 때마다 그렇듯 부끄럽기만 하다.
문학의 길로 이끌어주신 모교 은사님과
부족한 글을 예쁘게 다듬어 책으로 만들어 준
도서출판 초록달팽이에 감사드린다.

2025년 여름
황수대

차례

책머리에   5

제1부 낯섦의 미학

일상적 시공간을 뛰어넘는 미지의 세계 - 송찬호 동시집 『고양이 사진관』   11
낯섦의 미학 - 송현섭 동시집 『착한 마녀의 일기』   16
동심과 마주하는 따뜻한 시간 - 조영수 동시집 『마술』   26
가슴에 초록 심장을 품다 - 홍재현 동시집 『고래가 온다』   43
다채롭고 풍성한 동심의 세계 - 전자윤 동시집 『부엉부엉 눈이 내려도』   55
가장 나답게, 가장 동시답게 - 이옥용 동시집 『나는 "나표" 멋쟁이』   67
착하게 사는 것만큼 어려운 동시 쓰기 - 김현숙 동시집 『아기 새를 품었으니』   77
도깨비의 재탄생 - 권영상 동시집 『도깨비가 없다고?』   91

제2부 동시의 저울

따뜻한 시선과 명징한 이미지 - 이영애의 동시   104
다섯 빛깔의 공감과 위로 - 박혜선·송명원·이묘신·정진아·한상순의 동시   113
반세기 전, 아이들과의 만남 - 신현득의 동시   122
세심한 관찰력과 배려의 미학 - 신이림의 동시   127
동시의 저울 - 임창아의 동시   138
한층 더 깊어진 시심과 사유의 힘 - 곽해룡의 동시   149
생태적 상상력과 동화시의 가능성 - 천선옥의 동시   161
언제나 새롭고, 언제나 특별한 - 이옥용의 청소년시   174

제3부 치열한 자기 부정의 정신

권태응 문학의 가치와 의의   186
미래 일기와 동시의 씨앗 창고   206
동시, 위기의 시대를 노래하다   224
현대 동시에 나타난 생태적 상상력   239
동시와 관련한 몇 가지 짧은 생각   255
철학적 사유와 비평 정신   266
시적 사고와 시적 표현   276
치열한 자기 부정의 정신   285
낯선 시인과의 만남   295

제1부 낯섦의 미학

일상적 시공간을 뛰어넘는 미지의 세계
– 송찬호 동시집 『고양이 사진관』(상상, 2024)

최근 시집 제목에 고양이가 자주 등장하고 있다. 얼마 전에 만난 모 시인은 "또 고양이야!" 하고 다소 불편한 심기를 드러내기도 했다. 그렇다면 이처럼 많은 시인이 고양이를 시적 대상으로 삼는 이유는 무엇일까? 도대체 고양이에게 어떤 매력이 있는 것일까?

고양이 하면 빼놓을 수 없는 시인이 바로 송찬호가 아닐까 싶다. 『고양이가 돌아오는 저녁』(2009)과 『난 고양이로소이다』(2023)에서처럼 그는 앞서 펴낸 두 권의 시집에서 고양이를 제목에 내세운 바 있다. 그런데 이번에 출간한 동시집 『고양이 사진관』(2024)에 또다시 고양이가 등장한다. 물론 시집과 동시집이라는 차이는 있지만 이처럼 한 시인의 시집에 같은 단어를 반복해서 사용하는 것은 그리 흔한 일은 아니니다.

고양이 나라에 네모 달이 떴어

둥근달이 아파서

홀쭉해져 네모 달이 되었어

지금 야옹이 의사가

엘리베이터를 타고 쑥

달에 올라가 진찰 중이야

밤하늘에 뿌려 놓은 별사탕도

주위에서 반짝반짝 빛나는 중이야

아파도 네모 달은 잘 웃어

생긴 건 네모여도

웃는 건 둥근달을 닮았어

- 「고양이 나라의 네모 달」 전문

이번 동시집에서 고양이가 등장하는 작품은 표제작 「고양이 사진관」을 비롯해 모두 네 편이다. 이들은 두 번째 동시집인 『초록 토끼를 만났다』(2017) 이후 송찬호가 보여주었던 시적 특징을 그대로 계승하고 있다. 즉 현실과 초현실의 경계를 자유롭게 넘나드는 풍요롭고 환상적인 동심의 세계가 잘 나타나 있다. 「고양이 나라의 네모 달」은 그 대표적인 작품으로 "고양이 나라" "네모 달" "엘리베이터" "고양이 의사" 등 자유로운 상상과 이미지들이 종횡무진 날아다니는 마법 같은 세계가 펼쳐진다.

이는 비단 이들 동시만이 아니다. 감기에 걸린 선인장이 밤새 "화분 안에서/콜록콜록/기침을"(「빨간 선인장」) 하고, 의자를 고치고 난 망치가 "키 작은 펜지꽃을/마당가에 톡톡 박아 심"(「망치의 일기」)기도 한다. 더 넓은 바다를 여행하기 위해 "상어가/배 한 척을 사"(「상어 선장」)는가 하면, 고양이가 "도로를 쌩쌩 달리다/자동차를 치"(「로드킬」)기도 한다. 이처럼 송찬호의 동시는 그동안 우리가 경험했던 동시와는 결이 다르다. 빵, 톱, 호박꽃, 모과나무, 비누, 돌멩이, 양말, 뱀, 냄비 등 우리 주변에서 흔히 볼 수 있는 사물을 주요 소재로 활용하면서도 새로운 발상과 표현으로 독자의 눈과 마음을 사로잡는다.

빵이 죽었다

집안의 빗자루와

촛불과

커튼과

식탁보가

함께 모여 슬픔을 나눴다

집안을 대표해서 커튼이 무거운 목소리로 말했다

누가 곁에 있었더라면

저 오래된 빵이

곰팡이가 피어 외롭게

죽게 내버려두진 않았을 거야

맞는 말이야
배고픈 고양이가 지나가다 고개를 끄덕였다
나도 그냥 내버려두진 않았을 거야

— 「빵이 죽었다」 전문

그러면서도 송찬호의 동시는 오늘날 우리 사회의 부조리한 현실을 외면하지 않는다. 자본주의와 물질문명에 기반한 무한경쟁으로 갈수록 심화하고 있는 인간소외와 환경파괴 등의 문제를 다양한 방법으로 드러낸다. 시작부터 범상치 않게 다가오는 이 동시는 표면적으로는 빵의 죽음을 노래하고 있다. 하지만 "누가 곁에 있었더라면/저 오래된 빵이/곰팡이가 피어 외롭게/죽게 내버려두진 않았을 거야"에서 짐작할 수 있듯이 그 이면에는 그다지 마주하고 싶지 않은 고독사의 문제를 담아내고 있다. 그런 점에서 이 작품에서의 '빵의 죽음'은 일종의 알레고리인 셈이다. 마지막 연의 "나도 그냥 내버려두진 않았을 거야"라는 고양이의 진술이 예사롭지 않게 다가온다.

이처럼 송찬호의 동시는 여러 가지 수사법과 시적 장치를 사용해 시적 효과를 극대화하고 있다. 특히 환유는 그의 동시에서 흔히 발견되는 것으로 구체적이고 생생한 이미지를 창조하는 데 크게 일조한다. 실제로 그는 "톱은/곡선으로 안 웃지"(「톱」), "비누의 옆구리를 살짝

간질이니/비누가 깔깔 웃는다"(「비누」), "바위가/똥을/누고 있다"(「바위도 변비는 힘들어」)와 같이 일상적 언어나 사고의 범위를 뛰어넘는 시어들의 결합을 통해 언어의 밀도를 높임으로써 일상적 시공간을 뛰어넘는 미지의 세계로 독자를 안내한다.

「거울 장수」의 경우 시적 상황과 의미가 모호한 탓에 단순하면서도 명쾌한 것을 좋아하는 아이들로서는 조금 받아들이기 힘들 것으로 생각된다. 늘 그랬듯이 이번 동시집 역시 시적 기능보다 의미 전달에 더욱 집중해 온 기존 동시에서는 느낄 수 없는 재미를 맛볼 수 있다. 잠시나마 현실에서 벗어나 자신이 동경하는 마법의 세계로 떠나보는 것, 바로 그것이 우리가 동시를 읽는 큰 기쁨이 아닐까.

낯섦의 미학
– 송현섭 동시집『착한 마녀의 일기』(문학동네, 2018)

지난해는 그 어느 때보다 동시집 출간이 풍성했다. 또한 세간의 이목을 끄는 동시집이 많았다. 유강희의『손바닥 동시』와 김륭의『첫사랑은 선생님도 일 학년』, 정연철의『알아서 해가 떴습니다』와 송명원의『보리 나가신다』, 조영수의『마술』과 윤제림의『거북이는 오늘도 지각이다』등 다양한 개성과 실험정신으로 무장한 동시집이 어느 해보다 많이 출간되었다. 그 가운데 제6회 문학동네 동시문학상 대상 수상작인 송현섭의『착한 마녀의 일기』는 첫손가락에 꼽을 수 있을 만큼 문제적인 동시집이 아닐까 싶다.

이 동시집은 "여태껏 읽어보지 못한, 매우 이질적인 동시"(이안), "기존 동시 문법이 보여 주지 못한 동심의 '맹랑성'에 주목한 점이 새롭고 놀랐다."(유강희)는 평가처럼 이제까지 우리 동시에서는 좀처럼 찾아볼 수 없는 독특한 시 세계를 유감없이 보여주고 있다. 마치 동시집 전체가 악동의 소굴이라 할 만큼 작품 상당수가 대단히 파격적이다. 어느 한 작품도 그냥 편안하게 읽고 지나가도록 내버려두지 않는다. 아무리 교화해도 도저히 착한 아이가 될 수 없을 것 같은 악동의 모습으로 어느 순간 불쑥 나타나 시비를 걸어온다.

멀리서 보면
소시지처럼 보이지만
가까이 보면
푸른 나무처럼 보이지만
사실은 전봇대야.

넝쿨 잎들이
오물오물 삼켜 버렸지.
이제 넝쿨 잎들은
찌릿찌릿
전기를 먹으며 자랄 거고
전기뱀장어처럼
무서운 무기도 만들 거야.

말하자면
우리 마을에 나 말고

> 새로운 괴물이
>
> 하나 더 추가된 거지.
>
> ― 「푸른 전봇대」 전문

　이 동시는 첫 머리에 놓인 작품으로 송현섭의 시 세계를 집약해서 보여주고 있다. 총 4연 16행으로 구성되어 있는데, 제목부터가 예사롭지 않다. 전봇대는 동시의 소재로 종종 다루어진 터라 큰 흥미를 주지 못한다. 그럼에도 이 동시가 새롭게 느껴지는 것은 '푸른'과 '전봇대'라는 다소 이질적인 시어들의 결합 때문이다. 즉, 꾸며주는 말인 '푸른'과 꾸밈을 받는 말인 '전봇대' 사이의 낯섦으로부터 비롯된다. 또한 그와 같은 제목이 붙게 된 연유를 알게 해주는 2연과 3연도 인상적이다. 오물오물 전봇대를 삼켜 버린 넝쿨 잎이 전기를 먹고 자라 전기뱀장어처럼 무서운 무기도 만들 것이라는 발상과 표현이 참신하고 재미있다. 마지막 연도 눈여겨볼 필요가 있다. "우리 마을에, 나 말고/새로운 괴물이/하나 더 추가된 거지."에서 보듯이 화자는 자신을 괴물이라 칭하고 있다. 그러면서도 조금도 부끄러워하는 기색이 전혀 없다. 오히려 그 모습이 너무나 당당해서 당황스러울 지경이다.
　이처럼 송현섭의 동시는 기존 동시와 많이 다르다. 그의 동시는 이질적인 시어들의 결합을 통해 익숙한 사물이나 장면을 새롭게 인식하게 만든다. 여기에 독특한 발상과 자유분방한 상상력, 그리고 한국 동시에서는 일찍이 보지 못한 시적 화자의 등장으로 시종일관 긴장의 끈을

놓을 수 없게 만든다. 이러한 송현섭 동시의 특징은 다음 작품에서도 쉽게 확인할 수 있다.

세상에,
한 번도 귀뚜라미를
본 적 없는 아이가 있었어.
어느 날 아이는
귀뚜라미 울음소리를 듣고 있었지.
너도 알지만,
귀뚜라미 울음은 쓸데없이 우렁차.
울음소리는 담벼락 아래
버려진 구두 속에서 들려왔어.
아이는 귀뚜라미가
발 모양일 거라고 상상했어.

  ― 「구두 귀뚜라미」 부분

개미 떼를 따라가면
죽어 가는 풍뎅이가 나와요.

개미 떼를 따라가면
절뚝절뚝 걸어가는 나비가 나와요.

개미 떼를 따라가면

쫀득쫀득 말라 가는 지렁이가 나와요.

개미 떼를 따라가면

입이 더러운 병이, 병 속에서 우는 파리들이 나와요.

-「개미 떼를 따라가면」부분

이들 작품은 서로 어울릴 것 같지 않은 단어들을 결합해 사물 혹은 장면을 낯설게 만듦으로써 시적 효과를 거두고 있다. 송현섭의 동시 상당수가 그러하듯이, 이들 작품 역시 겉으로 보기엔 평범해 보인다. 하지만 꼼꼼하게 살펴보면 그 어떤 단어도 허투루 사용하지 않고 있다는 것을 알 수 있다. "귀뚜라미 울음은 쓸데없이 우렁차"(「구두 귀뚜라미」), "절뚝절뚝 걸어가는 나비"(「개미 떼를 따라가면」)와 같은 표현이 이를 방증한다. 과문한 탓인지는 몰라도 그동안 숱하게 동시를 읽어오면서 여태껏 귀뚜라미 울음을 쓸데없이 우렁차다거나 나비를 절뚝절뚝 걸어간다고 표현한 작품은 본 적이 없다. 그런데 이러한 생경한 표현은 비단 이들 작품에만 국한되지 않는다. "자동차만 한 헤어드라이기"(「버드나무」), "물방울의 목"(「목격자」), "풀숲의 작은, 작은, 작은, 작은, 소리만 보는 듯해."(「부엉이」)등에서도 어렵지 않게 발견할 수 있다.

귀처럼 생긴 작은 새들이 잔뜩 모여 있어요.

새들은 소곤소곤 덩굴장미 이야기를 듣고 있어요.

나는 꽃들이 원래 새였다는 걸 알아요.

새들이 덩굴장미 울타리에 너무 오래 앉아 있으면 꽃이 된다는 걸 알아요.

— 「덩굴장미 울타리」 전문

눈이 홍시처럼 빨간 토끼들이 쓱싹쓱싹 두 개의 토끼지우개처럼 풀을 지웠어요. 바닥엔 까만 지우개똥만 가득했지요. (중략) 어, 하얀 토끼와 갈색 토끼는 어디 갔어요? 아, 그놈들 할아버지가 ●● ●●단다. 이 녀석들도 겨울이면 두 배로 클 거다. 하하하. 이가 두 개 남은 외할아버지, 아니 외할아버지지우개가 말했어요.

— 「토끼는 풀을 지우고, 외할아버지는 토끼를 지우고」 부분

이들은 송현섭의 동시가 지닌 기발한 발상과 자유분방한 상상력을 잘 보여준다. 시에서 발상과 상상력은 불가분의 관계로 시를 시답게 만드는 중요한 요소이다. 「덩굴장미 울타리」에서 첫 행의 "귀처럼 생긴 새"는 두 가지 해석이 가능하다. 즉 장미꽃을 새에 비유한 것으로 읽을 수도 있고, 반대로 새를 장미꽃에 비유한 것으로 읽을 수도 있다. 하지

만 이는 중요하지 않다. 왜냐하면 이 동시의 핵심은 "꽃들이 원래 새였다", "새들이 덩굴장미 울타리에 너무 오래 앉아 있으면 꽃이 된다"는 발상과 상상력에 있기 때문이다. 이는 「토끼는 풀을 지우고, 외할아버지는 토끼를 지우고」도 마찬가지이다. 제목에서처럼 이 동시의 묘미는 토끼가 풀을 먹는 행위를 지우개로 글씨를 지우는 행위에 빗대어 표현한 것에 있다. 그와 같은 발상을 떠올린 이상 이후에 전개되는 상황들 가령 토끼똥을 '지우개똥'으로, 토끼를 잡아먹은 할아버지를 '외할아버지지우개'로 묘사하는 것은 당연한 수순이다. 다소 생뚱맞아 보이지만 저절로 고개가 끄덕여질 만큼 재미있는 작품이다.

하느님, 나의 하느님은
나를 조용히 나무 아래로 불러
검은 넝쿨처럼 자라난 손가락
하나씩 하나씩
예쁘게 잘라 주며 말씀하셨네.

아이고, 나쁜 생각이 많이 자랐구나.
손가락은 내가 가져갈게.

그러나 여전히
왼손은 사나운 수탉, 오른손은 날렵한 사냥꾼.

손가락은 금세 자라나고, 더 길어지고, 더 구부러지고, 완전 검어
졌네.

다시 어느 날
하느님, 나의 하느님은
나를 길 가장자리로 불러 말씀하셨네.

애야, 바삭하게 말린 뱀과 애벌레팝콘, 원숭이알사탕, 박쥐존드
기, 기린주스는 불량 식품이야.
먹으면 배가 아파요.
내가 가져갈게.

나는 시옷 자의 풀밭에 누워
기름처럼 둥둥 뜬 흰 구름을 보며
생각하고, 고민하고, 의심하고, 추리했네.

젠장, 나는 분명 삥 뜯기고 있는 거야.

— 「착한 마녀의 일기」 전문

이 동시는 송현섭의 작품 가운데 가장 도발적이다. "하느님, 나의 하
느님"에서처럼 이 동시는 절대적인 권위를 내세워 아이들의 자유분방

한 상상력을 억압하는 어른들을 고발하고 있다. "검은 넝쿨처럼 자라난 손가락", "바삭하게 말린 뱀과 애벌레팝콘, 원숭이알사탕, 박쥐쫀드기, 기린주스" 같은 괴기스러운 표현도 흥미롭지만 뭐니 뭐니 해도 이 동시에서의 압권은 마지막 연이다. 즉 화자가 하느님을 향해 "젠장, 나는 분명 삥 뜯기고 있는 거야."라고 말하는 장면이다. 여기서 '젠장'은 일이 뜻대로 되지 않아 불만스러울 때 혼자 무심코 내뱉는 일종의 욕이고, '삥 뜯다'는 돈이나 물건 따위를 뺏는 것을 가리키는 비속어이다. 이들은 재미보다 교육적 기능을 더욱 중시하는 동시에서는 쉽게 찾아볼 수 없는 시어들이다. 그런 점에서 이 동시에 등장하는 화자의 모습은 무척 이질적으로 다가온다.

이외에도 이 동시집에는 그와 같은 악동 이미지를 지닌 화자가 여럿 등장한다. 이들은 「참매미 보청기」에서처럼 참매미로 보청기로 만들어 할머니의 귓속에 집어넣기도 하고, 「동생의 복수를 위해」에서처럼 부들의 씨앗을 이용해 복수하는 방법을 동생에게 가르쳐주기도 한다. 또한, 이와는 성격이 조금 다르지만 「암탉의 유언」에서처럼 제발 새끼들만은 건들지 말아 달라는 암탉의 부탁에도 불구하고 호시탐탐 병아리를 노리는 상스럽고 교활한 고양이가 등장하기도 한다.

앞서 살펴본 것처럼 송현섭의 동시는 독특하다. 특히 그의 동시에 등장하는 화자의 모습은 파격적이다. 그런 만큼 독자의 취향이나 가치관에 따라 호불호가 극명하게 갈릴 수 있을 것 같다. 기존의 동시에 익숙한 독자라면 그의 동시가 다소 낯설고 불편할 수도 있다. 반면 기존의 동시에 답답함을 느낀 독자라면 마치 단비처럼 느껴질 수도 있다. 개인적으로는 독자들이 어떤 평가를 내리든지 간에 그의 동시는 향후 우리 동시단에 큰 영향을 줄 것으로 보인다. 사실 그동안 우리 동시는 지나치게 동심을 제한함으로써 실질적인 아이의 모습을 닮아내지 못했다. 「착한 마녀의 일기」를 표제작으로 정한 것도 그와 전혀 무관해 보이지 않는다. 그런 점에서 송현섭의 동시는 그동안 우리가 너무나도 당연하게 여겨왔던 것들에 대한 도전이라고 보아도 무방하다. 따라서 섣부른 판단보다는 그의 동시가 앞으로 우리 동시에 어떤 변화를 불러올지 좀 더 관심을 갖고 지켜볼 일이다.

동심과 마주하는 따뜻한 시간

— 조영수 동시집 『마술』(청색종이, 2018)

1.

작가는 작품으로 말하고 작품으로 평가받는다. 아무리 문학의 위기라 해도 좋은 작품은 어떻게든 살아남는다. 특히 요즘처럼 소셜 미디어의 힘이 막강할수록 그럴 가능성은 더욱 크다. 이제 더 이상 독자들은 과거처럼 작가 혹은 출판사의 명성에만 기대어 작품을 구매하지 않는다. 굳이 엄청난 홍보비를 들이지 않더라도 좋은 작품은 어떤 경로로든 독자에게 다가간다.

조영수의 『마술』은 그 좋은 예이다. 이 동시집을 펴낸 '청색종이'는 이제 겨우 발걸음을 뗀 신생 출판사이다. 이전까지 동시집을 출간해 본 경험이 없다. 저자인 조영수의 경우도 동시를 쓴 경력이 길지 않을 뿐만 아니라 왕성하게 작품 활동을 하는 편이 아니다. 2006년 조선일보 신춘문예에 「탑」이 당선되어 등단한 이후, 지금까지 두 권의 동시집을 펴낸 것이 전부이다. 그 때문에 독자들에게는 다소 생소하게 느껴질 수도 있다. 그럼에도 이 동시집은 최근 소셜 네트워킹 서비스를 통해 빠르게 전파되고 있다.

모난 돌
금간 돌
손을 든 돌

돌이 돌을 무등 타고 서 있다

비 맞고
바람 맞고
눈 맞으며

함께 나이를 먹는 돌

밀어내지 않고
투덜대지 않고
꽉 끌어안고

돌이 돌을 무등 타고 서 있다

그 앞에서

사람들이 고개를 숙이다

                                                                                 - 「탑」 전문

사나운 바람을 견디느라

등 굽은

팥배나무 빨간 열매

콩배나무 까만 열매

새들의 도시락이다

춥고 배고픈 새들 먹으라고

나무가 마련한

맛깔스런 도시락

새를 기다리는

빨갛고 까만 도시락을

짧은 햇살이 데우고 있다

                                          - 「새들의 도시락」 전문

사실 조영수는 등단 초기부터 꾸준히 그 재능을 인정받아 온 시인이다. 「탑」과 「새들의 도시락」은 조영수의 첫 동시집 『나비의 지도』(문학과문화, 2009)에 수록된 작품으로 그의 시적 재능을 짐작할 수 있게 해준다. 「탑」은 오랜 세월 갖은 풍파에도 무너지지 않고 굳건히 서있는 탑을 형상화하여 공동체적 삶의 중요성을 노래하고 있다. "밀어내지 않고/투덜대지 않고/꽉 끌어안고"에서처럼 사물을 바라보는 시선이 깊고 따뜻하다. 「새들의 도시락」은 나무 열매를 "새들의 도시락"에 비유한 것으로 발상이 참신하다. 또한, "빨갛고 까만 도시락을/짧은 햇살이 데우고 있다"에서처럼 작품을 빚어내는 솜씨가 예사롭지 않다. 이처럼 등단 초기 조영수의 동시는 대체로 분위기가 밝고 따뜻한 것이 특징이다. 구성도 비교적 탄탄하고 사물을 대하는 자세도 긍정적이다. 여기에 잘 정제된 언어와 다양한 기법이 더해져 진한 감동을 준다. 이러한 조영수의 동시의 특징은 이번에 나온 『마술』에서도 그대로 이어진다.

2.

『마술』에서 가장 먼저 떠오른 단어는 '따뜻함'이다. 첫 동시집과 마찬가지로 이번 동시집을 관통하고 있는 주된 이미지는 따뜻함인데 이것은 조영수의 동시가 기본적으로 모성애를 바탕으로 하기 때문이다. 흔히 자식에 대한 어머니의 사랑을 뜻하는 모성애는 본능적인 사랑이자 차별이 없는 사랑이다. 또한 희생을 감내하는 사랑이자, 타인을 배려하는 사랑이다. 그래서 어떤 수고도 마다하지 않으며 모든 것을 넉넉하게 끌어안을 수 있는 힘을 가지고 있다.

    돼지저금통이
    마술을 부렸다

    아프리카에 가서
    염소 한 마리 되었다

    배고픈
    아이에게 젖 나눠주는
    젖엄마가 되었다

                                   - 「마술」 전문

    밥 받으려고
    줄 선
    배고픈 나라 사람들

    줄이 자꾸만 늘어나고
    밥이 자꾸만 줄어들어도
    어린이가 오면 끼워주고

어린이가 오면 또 끼워주고

어린이가 오면 또 끼워주고

배고픔도 참으며

만들어내는

착한 순서를 텔레비전에서 보았다

- 「순서」 전문

「마술」과 「순서」는 이 동시집의 처음을 장식하고 있는 작품이다. 일종의 서시와도 같은 작품으로 조영수의 시세계를 파악하는 데 중요한 역할을 한다. 「마술」은 이웃돕기 성금으로 낸 "돼지저금통"이 먼 아프리카로 가서 배고픈 아이들의 "젖엄마"가 되는 과정을 노래하고 있다. 「순서」는 "줄이 자꾸만 늘어나고/밥이 자꾸만 줄어들어도" 어린이에게 기꺼이 자리를 내어주는 "배고픈 나라 사람들"의 모습을 노래하고 있다. 이들 작품은 일상에서 쉽게 경험할 수 있는 사건에서 소재를 취하고 있다. 특별한 기교 없이, 소박하게 표현하고 있음에도 감동적으로 다가온다. 이는 인종과 국경과 세대를 뛰어넘는 모성애적 사랑이 그 저변에 짙게 깔려있기 때문이다.

그런가 하면 이 동시집에는 벌, 나비, 개미, 참새, 채송화, 제비꽃, 유채꽃, 민들레, 애호박 등 유독 작고 어린 생명체들이 자주 등장한다. 이들은 "감나무가/가장 잘 익힌 감을/까치도/들쥐도 모르게/아래로

던졌다//(철퍼덕)//가장 작은 벌레가/가장 빨리 달려와/가장 맛있게 먹었다"(「가장」)와 "방 안에 들어온 벌레를/쓰레받기에 담아/꽃밭에 슬며시 놓아 주는/'할머니 마음'이 가훈이래요"(「이상한 가훈」)에서 보듯이 주로 강자가 약자를 보살피는 내용과 결부되어 있다. 이것은 시인이 작고 어린 생명들을 어린이와 동격으로 취급하기 때문이다. 즉 모성애적 관점에서 그들을 바라보고 있기 때문이다.

    노란 옷에
    노란 모자를 쓴 아이들
    노란 버스에서 내려
    노란 나비를 따라
    노란 유채꽃밭으로 들어갔다
    노란 옷이 사라지고
    노란 모자가 사라지고
    아이들이 사라졌다
    바람도 불지 않는데
    노란 나비를 따라
    노란 유채꽃이 달려간다

                                - 「숨바꼭질」 전문

「숨바꼭질」은 색체 이미지를 십분 활용해 다양한 시적 효과를 거두고 있는 작품이다. 총 11행 가운데 무려 9행에서 노란색 이미지가 반복된다. '노란'은 태양과 황금의 색으로 풍요와 부를 상징하기도 하고 가독성이 뛰어나 안전을 요하는 시설에 많이 쓰이는 색이다. 또한 병아리나 개나리처럼 작고 어린 생명체에서 자주 발견되는 색으로 어린이의 은유로도 곧잘 사용된다. '노란 옷', '노란 모자', '노란 버스', '노란 나비', '노란 유채꽃'에서처럼 이 작품에서 노란색은 모두 작고 어린 생명체 혹은 어린이를 연상시키는 사물들과 결합되어 나타난다. 여기에 새로운 시작을 뜻하는 봄의 이미지가 더해져 생동감 넘치는 분위기를 연출하고 있다. 특히 이 작품에서 주목해 볼 대목은 마지막 행이다. "노란 유채꽃이 달려간다"에서처럼 이 작품에 등장하는 존재들은 서로 쉽게 동화된다. 그들 사이엔 어떤 경계도 존재하지 않는다. 그 때문에 여느 작품보다 더욱 따뜻하게 다가오는데 이 역시 모든 것을 스스럼없이 포용하는 모성애와 무관하지 않다.

3.
동시의 주된 독자는 어린이들이다. 그 때문에 내용과 형식에서 어느 정도 제약이 따른다. 주제가 어린이가 이해할 수 없을 만큼 어려워도 안 되지만, 너무 쉬운 주제에서 어린이가 전혀 흥미를 느끼지 못해서도 안 된다. 또한 어린이가 집중할 수 없을 만큼 행이 길어도 안 되지만, 행이 너무 짧아 아이들의 상상력이 전혀 작동할 수 없어도 안 된다. 그래서 성인시보다 더 쓰기 어려운 것이 동시다. 그런데도 동시를 한낱 말장난이나 계몽의 수단쯤으로 잘못 이해하고 있는 시인이 많다. 물론 문학의 효용성 측면에서 계몽은 분명 중요한 기능 가운데 하나이다. 하지만 이를 지나치게 강조하면 그만큼 재미와 문학성은 반감된다. 따라서 좋은 작품이 되려면 그 둘 사이에 적절한 균형이 이루어져야 한다.

    서진이는
    나팔꽃 같다

    복도를 걸을 때도
    덩굴손 뻗어
    친구 손을 감고서야, 한 발짝

    계단을 오를 때도
    덩굴손 뻗어
    선생님 허리를 감고서야, 한 계단

    그러면서도
    활짝
    활짝
    활짝,

온 몸이 덩굴손 되어
구불구불한 길도 잘 가고 있다

　　　　　　　　　-「나팔꽃 서진이」전문

화장실 앞에서도
-천천히, 천천히 해

급식 시간에도
- 천천히, 천천히 먹어

운동장 나갈 때도
- 천천히, 천천히 신어

선생님은
모든 게 늦는 채우를 눈 안에 담고

기다려주는 게 일이다

그런데 이상하다
선생님은

'천천히, 천천히' 하는데도

채우는

조금씩 조금씩 빨라진다

- 「이상한 일」 전문

이 동시집에는 장애아에 대한 작품이 여러 편 실려 있다. 이것은 평소 시인이 그들에게 관심이 많다는 것을 말해준다. 그런데 이와 같은 주제를 다룰 때에는 조심할 필요가 있다. 지나치게 대상을 동정의 눈으로 바라보거나 독자를 단지 계몽의 대상으로 인식해 접근했다가는 낭패를 보기 십상이다. 그런 점에서 「나팔꽃 서진이」와 「이상한 일」은 좋은 본보기가 될 수 있다. 「나팔꽃 서진이」에 등장하는 서진이는 남의 도움 없이는 걷지 못할 만큼 장애가 심하지만 늘 "활짝/활짝/활짝" 웃음을 달고 다닐 만큼 표정이 밝다. "구불구불한 길"도 아무런 문제없이 헤쳐 나갈 만큼 주체적이다. 그리고 "모든 게 늦는 채우를 눈 안에 담고/기다려주는 게 일이다"에서 보듯이, 「이상한 일」에 나오는 선생님은 섣불리 나서서 도와주지 않는다. 장애아 스스로 자신의 장애를 극복하고 일어설 수 있도록 지속적으로 관심을 갖고 지켜본다. 어떤 값싼 동정도 필요 이상의 배려도 건네지 않는다. 지나친 관심과 배려는 자칫 독이 될 수도 있다는 점에서 장애아를 대하는 그와 같은 시인의 자세는 바람직해 보인다.

이처럼 조영수의 동시는 함부로 감정을 배설하지도, 억지로 어린이들의 말투를 흉내 내지도 않는다. 또한 어설프게 덤벼들어 어린이를 가르치지 않으면서도 기대 이상의 교육적 효과를 이끌어내고 있다. 그래서 더욱 미덥다. 아마도 그것은 시인의 성품과 관련이 있지 않을까 싶다.

상처 난 꽃잎이 없다
물 달라고 보채지도 않는다
말벌도 땅벌도 부르지 않는다
시들시들 시들지는 더더욱 않는다

만든 꽃은
흠 없는 게 흠이다

숨소리가 없다
그게 가장 큰 흠이다

- 「만든 꽃」 전문

조영수의 동시에는 성인시와 동시의 경계선상에 놓여있는 작품이 많다. 이것은 성인시와 동시를 함께 쓰는 시인들에게서 공통적으로 발견되는 현상이다. 「만든 꽃」은 그와 같은 유형에 속하는 작품 가운데 하나로 삶의 본질과 직결된 다소 어려운 주제를 다루고 있다. 그런데 "만든 꽃은/흠 없는 게 흠이다"에서처럼 이 작품에서 등장하는 화자는 성품이 매우 바르고 건실하다. 이것은 비단 이 작품만이 아니라 "너는/겉과 속이 같단다"(「키워 보면」) 등 조영수의 작품에 등장하는 화자 대부분이 가지고 있는 특징이다. 물론 동시의 경우는 어른인 시인이 어린이에게 읽힐 목적으로 창작하는 까닭에 시적 화자와 시인이 확연히 구분된다. 따라서 화자와 시인을 동일시해서 성품을 판단하는 것은 그만큼 위험부담이 크다. 하지만 시만큼 작가의 주관적인 개성이 강하게 드러나는 장르가 없다는 점에서 그와 같은 판단이 꼭 억지스러운 것만은 아니다.

4.
한국 동시의 가장 큰 문제는 시인과 독자 사이의 심리적 거리감이다. 즉 시인과 독자가 경험한 환경의 차이에서 비롯된 소통의 부재이다. 실제로 과거와 현재는 사회·경제·문화 등 모든 면에서 사뭇 다르다. 환경이 바뀌면 의식도 달라진다. 그럼에도 과거에서나 통할 법한 고루하고 케케묵은 사고 및 방법론에 의지해 작품을 창작하는 시인이 많다. 물론 몇몇 시인들을 중심으로 이를 개선하려는 노력이 진행되고, 어느 정도 발전을 이뤄내고 있다. 하지만 사상적으로나 미학적으로 수준에 미달하는 작품이 너무 많다. 오늘날 동시가 독자로부터 멀어지게 된 이유가 바로 그와 같은 시인들에게서 비롯되었다고 해도 틀린 말이 아니다.

그런 점에서 조영수의 행보는 주목할 만하다. 그의 첫 번째 동시집 『나비의 지도』와 이번에 나온 두 번째 동시집 『마술』 사이에는 소재와 주제 면에서 상당한 변화가 감지된다. 첫 번째 동시집이 자연을 중심으로 사람을 노래했다면 두 번째 동시집은 사람을 중심으로 자연을 노래하고 있다. 그래서인지 작품의 형식이나 내용이 이전보다 훨씬 다양해졌을 뿐만 아니라 독자와의 소통 가능성도 더욱 용이해진 모습이다. 이것은 조영수가 현재의 자리에 머무르지 않고 독자들에게 다가가기 위해서 끊임없이 자신을 채찍하고 있다는 것을 말해준다.

여우비 내리네
불림 코스

소나기 내리네
세탁 코스

장대비 내리네
헹굼 코스

바람이 부네
탈수 코스

빨래 끝!

매미 울음도 널고
호박꽃도 널고
자전거도 널고

하느님은
무지개를 어깨에 걸치고
산등성이를 넘어가네

- 「지구의 세탁」 전문

높은 산은
하늘의 기둥이야

산 아래서 보니
모두 하늘을 이고 있어
아니, 받치고 있어

그러고 보니 우리 마을의
아파트도

나무도

하늘을 이고 살아

아니, 받치고 살아

아, 나도

개미도 하늘을 받치고 있구나

우리도 기둥이구나

－「기둥」 전문

이들 작품은 그와 같은 노력이 빚어낸 결과물로 조영수 동시의 지평을 넓혀주고 있다. 「지구의 세탁」은 "여우비 내리네/불림 코스//소나기 내리네/세탁 코스"와 같이 다양한 종류의 비를 세탁 과정에 빗대어 노래하고 있다. '비'는 그동안 동시에서 숱하게 다루어진 소재이지만 이처럼 참신하면서도 유쾌하게 풀어낸 작품은 많지 않다. 특히 "매미 울음도 널고/호박꽃도 널고/자전거도 널고"에서처럼 시인의 상상력이 돋보이는 작품이다. 반면에, 「기둥」은 이 세상에 존재하는 것은 다 귀하고 가치가 있다는 내용을 담고 있다. 화자는 어느 날 산을 찾았다가 문득 "높은 산은/하늘의 기둥"이라는 생각을 한다. 그와 같은 생각은 아파트, 나무, 나, 개미로까지 확장되어 마침내 "우리도 기둥"이라는 결론에 이르게 된다. 「지구의 세탁」처럼 상상력이 뛰어나거나 재미가 있는 것은 아니지만 독자로 하여금 한번쯤 자신과 자신을 둘러싼 존재들의 가치에 대해 생각하게 만든다.

5.
조영수의 『마술』은 비교적 동시의 문법에 충실하다. 여러 면에서 장점이 많은 동시집이다. 앞서 살펴본 것처럼 그의 동시는 모성애를 바탕으로 하고 있어 대체로 분위기가 따뜻하다. 문학을 대하는 시인의 태도가 건실해서 어느 한 작품도 소홀한 것이 없다. 계몽과 재미, 그 어느 한쪽에 치우치지 않고 적절하게 균형을 이루고 있다. 게다가 독자와의 소통을 위해 꾸준히 노력하고 있을 뿐만 아니라 자기갱신을 통해 부단히 질적 성장을 도모하고 있다. 최근 이 동시집이 독자들 사이에서 인기를 끌고 있는 것은 그 때문일 것이다.

그런 점에서 이 동시집이 갖는 의미는 작지 않다. 그동안 우리 동시가 소통을 외면한 채 자기만족에 취해 독자에게 외면당한 것을 생각할 때 이 동시집은 시사하는 바가 크다. 물론 이 동시집이 오랫동안 답보상태에 머물러 있는 우리 동시에 획기적인 변화를 가져오지는 못할 것이다. 그렇지만 적어도 동시의 본질이 무엇이고, 앞으로 우리 동시가 어떤 방향으로 나아가야 할지 고민하게 만들 수는 있을 것이다.

가슴에 초록 심장을 품다
— 홍재현 동시집 『고래가 온다』(청개구리, 2024)

1.

초록은 무지개의 일곱 색깔 중 하나이다. 파랑, 빨강과 더불어 빛의 삼원색으로 눈에 가장 잘 보이는 색이다. 이러한 초록은 인류문명에서 오랜 시간 자연과 생명, 풍요와 번영, 성장과 평화를 상징하는 색으로 쓰였다. 하지만 중세 미술과 현대 영화에 등장하는 악마의 얼굴처럼 종종 질투와 위험을 상징하는 색으로 사용되기도 했다.

홍재현의 동시는 한 마디로 초록을 닮았다. "주먹만 한 심장을/두근거리게 하는데/손바닥만 한/초록 잎 한 장이면/충분"(「초록 심장」)할 만큼 그의 동시는 익숙한 듯하면서도 낯설게 다가온다. 기존의 동시와는 다른 발상과 표현으로 독자의 마음을 팔딱이게 만든다. 『고래가 온다』는 홍재현의 두 번째 동시집으로 그와 같은 시적 특징을 잘 보여준다.

2.
상상력은 시의 근간이다. 이는 경험하지 않은 어떤 사물이나 현상을 머릿속에 그려 보는 능력으로 시의 성패에 있어 중요한 요소이다. 실제로 상상력은 어떤 대상에 대한 새로운 인식을 촉발하거나 개개의 사물이 지닌 구체적인 속성이나 다른 사물과의 유사성을 파악하는 데 도움을 준다. 그 결과 기존의 상투적이고 관습적인 사고나 시각에서 벗어나 자신만의 참신하고 독창적인 아이디어를 생산할 수 있도록 만들어준다.

누가
밤하늘을 꽈악 잡고 있나 보다

까만 밤하늘 손바닥에
하얀 손톱자국

꾸욱 참고 또 참고
밤새 참았나 보다

새벽이 다 되어서야

꽉 쥐었던 주먹을 풀었다

허연 손톱자국에
바알갛게 피가 돈다.

　　　　　　　　－「손톱자국」 전문

이 동시는 손톱달을 형상화한 것이다. 손톱달은 초승달이나 그믐달 같이 손톱의 끝부분처럼 가느다랗게 이지러진 달을 가리키며, 그동안 동시의 소재로 자주 사용되었다. 따라서 소재 면에서는 그다지 새로울 게 없다. 하지만 시인은 시적 대상에 대한 새로운 인식과 참신한 상상력으로 또 다른 모습의 손톱달을 창조해내고 있다. "누가/밤하늘을 꽈악 잡고 있나 보다"에서처럼 이 동시는 상상력의 크기가 남다르다. 특히 마지막 연의 "허연 손톱자국에/바알갛게 피가 돈다."와 같이 비장미가 물씬 풍기는 이미지가 인상적이다.

은하수
물결을 헤치며
고래가 온다

펑펑
터지는 폭탄들

뿌연 연기에 갇힌

지구를 삼키러

고래가 온다

"꾸울꺽"

고래 배 속에 갇힌 사람들이

그제야 피노키오처럼 울부짖으니

불타던 지구가

사람들의 눈물로 식는다

어디다 뱉어줄까

입안에서 지구를 굴리며

고래가 헤엄쳐 간다

-「고래가 온다」전문

그 점은 이 동시도 마찬가지이다. 1연의 "은하수/물결을 헤치며/고래가 온다"에서처럼 이 동시는 시작부터 압도적인 규모의 상상력으로 독자의 시선을 사로잡는다. 시인은 '고래'를 등장시켜 주제 의식을 극대화하고 있다. 고래는 고대부터 신성하고 강력한 존재로 여겨져 왔으며 현대에는 환경보호의 중요한 상징이자 환경 파괴에 대한 경고로 곧

잘 사용되고 있다. 화자의 진술이 구체적이지 않아 메시지가 다소 불명확하지만 "펑펑/터지는 폭탄들" "뿌연 연기" 고래 배 속에 갇힌 사람들" "불타던 지구" 등의 이미지를 통해 시인의 의도를 파악하는 데에는 무리가 없어 보인다.

이처럼 홍재현의 동시는 상상력이 활달하고 주제 의식이 강하다. 여기에 다양한 비유와 상징 등의 표현기법을 통해 시적 효과를 높이고 있다. 그 결과 여느 동시와는 다른 즐거움과 감동을 선사한다.

3.

예나 지금이나 동시를 바라보는 사람들의 시각은 제한적이다. 그 가운데 하나가 바로 동시는 착해야 한다는 것이다. 이는 동시가 아이들에게 읽힐 목적으로 창작되는 만큼 등장하는 인물이나 내용이 도덕적이어야 한다는 생각에서 비롯된다. 이런 생각은 일반 독자나 동시를 쓰는 시인들이나 별반 차이가 없다. 그렇다 보니 소재가 한정적이고, 내용도 대동소이해서 개성 있는 작품을 찾아보기 어렵다.

하지만 그와 같은 생각은 예술로서의 동시와는 거리가 있다. 진정한 예술적 아름다움은 기존의 질서를 맹목적으로 추종하는 것이 아니라 주관적 인식이나 통찰 과정을 거쳐 새로운 의미나 가치를 발견하는 것이기 때문이다. 즉 익숙한 것과의 결별을 통해 새로운 길을 모색해 나가는 것이기 때문이다. 그런 점에서 홍재현의 동시는 한 번쯤 주목해

볼 필요가 있다.

선생님,
이번 시험 점수는요
60점이에요
제가 아니라 선생님이요

제가 공부한 거
10개 중에 6개밖에 못 맞추셨어요

다음 시험에는
제가 뭐 뭐 공부했나 다 맞춰 보세요

딱 10개만 외울 거니까

- 「선생님, 시험 점수」 전문

이 동시의 매력은 의표를 찌르는 발상과 전개에 있다. 제목에서 보듯이 이 동시에서는 기존의 통념을 깨고 학생이 선생님을 평가한다. 현실과 정반대인 일종의 역할 바꾸기를 통해 재미를 유발하고 있다. 시험에서 60점을 받은 화자는 점수를 부끄러워하거나 주눅이 들기는커녕 시험 문제를 낸 선생님에게 "제가 공부한 거/10개 중에 6개밖에 못

맞추셨어요"하고 말한다. 그리곤 다음 시험에서는 "딱 10개만 외울 거니까" 다 맞춰 보라고 말한다. 이런 화자의 태도는 당돌하다 못해 발칙하기까지 하다. 그런데도 미운 구석이 전혀 느껴지지 않는다. 오히려 통쾌함이 느껴진다. 이는 그동안 우리 동시에서는 거의 찾아보기 힘든 캐릭터이다.

민들레 마을이 난리가 났어요
분홍 민들레 하나 피었거든요

얘는 도대체 누구지
우리 민들레 가문에 이런 분홍은 없는데
엄마 민들레는 노랑 눈물 뚝뚝 흘리고
할머니 민들레는 흰 머리 도리도리 흔들고
아빠 민들레는 남이 볼세라
분홍 민들레 얼굴에 노란 꽃가루를 박박 문질렀어요

분홍 민들레는 생각했어요
나는 노랑 민들레가 아니야
진달래는 더더욱 아니겠지

그렇다면 찾아갈래

다행히 나는 날 수 있는 프로펠러가 있어
노란 꽃가루 따위 얼굴에 바르지 않아도 되는
분홍 민들레가 피어도 괜찮은 들판으로
나는 날아갈래

- 「분홍 민들레」 전문

 알레고리는 어떤 주제를 표현하기 위해 다른 주제를 사용하여 그 유사성을 넌지시 드러내는 수사법이다. 흔히 어떤 대상이나 현상을 비판할 때 주로 사용한다. 이 동시는 대표적인 예로 많은 의미를 함축하고 있다. "민들레 마을이 난리가 났어요/분홍 민들레 하나 피었거든요"에서처럼 이 동시에 등장하는 민들레는 특이한 존재이다. 가문 전체가 노란색 얼굴인데 혼자만 분홍색 얼굴을 지녔기 때문이다. 그 때문에 분홍 민들레는 마을에서 천덕꾸러기 대접을 받는다. "아빠 민들레는 남이 볼세라/분홍 민들레 얼굴에 노란 꽃가루를 박박 문질렀어요"에서처럼 심지어 가족에게조차 존재를 부정당한다. 그런데도 분홍 민들레는 절망하거나 포기하지 않는다. "노란 꽃가루 따위 얼굴에 바르지 않아도 되는/분홍 민들레가 피어도 괜찮은 들판으로/나는 날아"가겠다고 말한다. 이런 분홍 민들레의 행동은 그의 존재를 부정하는 어른들 즉 아빠와 엄마 그리고 할머니의 행동과 대비된다.
 이처럼 홍재현의 동시에 등장하는 인물들은 특별하다. 대체로 자유분방하고, 개성이 넘치고, 주체적이다. 때로는 반골 기질을 보이기도 한다. 정숙해야 할 도서관에서 만화책을 펼쳐놓고 깔깔깔 웃기도 하고(「용감한 녀석」), 하수구에서 꽃을 피웠다고 자신을 비행 청소년이라고 낙인찍은 사람들을 비웃기도 하고(「하수구 민들레」), 버려져 아무도 찾지 않는 절망적인 상황에서도 꿈을 포기하지 않는다(「플라스틱 물통의 꿈」). 이들은 그동안 동시에서 만났던 소극적이고 수동적이고 모범적인 아이들의 모습과는 다르다. 그런 만큼 새롭고 신선하다.

4.
홍재현의 동시에서 또 하나 눈여겨볼 대목은 익살스럽고 유머가 넘치는 작품이 많다는 점이다. 잘 알다시피 익살이나 유머는 남을 웃기려고 일부러 하는 우스꽝스러운 말이나 행동을 뜻한다. 이는 하나의 창조적 정신활동으로 문학에서 재미를 유발하거나 분위기 전환을 위해 자주 사용된다. 하지만 자칫 잘못 사용하거나 지나치게 남발하게 되면 진정성이 의심받는 등 역효과를 가져올 수 있어 신중하게 사용할 필요가 있다.

부릉부릉
시동을 켜고 콧구멍 앞 정지선에 섰다

후루루룩 힙!

있는 힘을 다해 튀어나가려는 본능을 누른다

나 모범 오토바이
수업 끝 알리는 파란불이 켜지면 번개처럼 튀어나가리
딩동댕-동!
수업 끝!

홍! 시원하다~

-「모범 오토바이」전문

이 동시는 "부릉부릉/시동을 켜고 콧구멍 앞 정지선에 섰다"에서처럼 콧물을 오토바이에 빗대어 표현하고 있다. 이미 경험해 본 사람은 알겠지만 코에서 콧물이 흐를 때의 그 답답함은 이루 말할 수 없을 정도이다. 그런데도 "후루루룩 흽!/있는 힘을 다해 튀어나가려는 본능을 누른다"에서처럼, 이 시에서 화자인 콧물은 수업이 끝날 때까지 애써 참는다. 그 이유는 바로 "모범 오토바이"이기 때문이다. 즉 수업 시간이라 다른 사람들에게 피해를 주면 안 되기 때문이다. 그런 화자에게 "딩동댕-동!" 수업이 끝났음을 알리는 종소리가 얼마나 반가웠을지 짐작이 가고도 남는다.

"어머님, 애들이랑 이번 주말에 내려갈게요."

대청마루에서

깜빡 낮잠 들었던 곶감 할머니

화들짝 분통을 꺼내 든다

허둥지둥

뽀얀 분을 바른다

-「곶감 할머니」 전문

제목에서 보듯이 이 동시는 곶감을 노래한 것이다. 전체가 3연 6행으로 이루어진 짧은 분량이지만, 재미는 그 어떤 작품보다 작지 않다. 특히 이 동시에서 흥미로운 것은 "대청마루에서/깜빡 낮잠 들었던 곶감 할머니/화들짝 분통을 꺼내 든다"에서처럼 "곶감 할머니"를 중의적으로 표현하고 있다는 점이다. 곶감 할머니가 사람의 별명인지 아니면 껍질을 벗겨서 꼬챙이에 꿰어 말린 감을 의인화한 것인지 모호하게 처리함으로써 시적 효과를 거두고 있다. 일상 속 소소한 풍경을 소재로 가족 간의 사랑을 잘 형상한 작품이다.

이들 외에도 "낮잠 주무시는 할아버지 코 밑에/송충이가 한 마디"(「송충이」), "자, 묵직한 코코아컵에/케케묵은 걱정 가루 세 순갈"(「코코아 처방전」), "애꾸는 늑대/누굴 노리나"(「초승달」) 등 홍재현의 동시에는 재미있는 표현이 많이 등장한다. 물론 "반딧불보다 작고 작아진 나는/반딧불보다 큰 눈물을 흘리며/흔들리고 흔들렸다"(「반딧불이가 나에게」)에서처럼 제법 분위기가 무거운 작품도 더러 있지만, 홍재현의 동시는 전반적으로 분위기가 밝고 경쾌하다.

5.
홍재현은 올해로 등단 4년 차를 맞은 시인이다. 시력은 그리 길지 않지만 왕성한 창작활동과 더불어 뛰어난 시적 재능으로 현재 주목받고 있는 시인 가운데 하나이다. 앞서 살펴본 바와 같이 그의 동시는 주제의식이 강하고 상상력이 활달하다. 작품에 등장하는 인물들의 개성이 강하고 익살스러운 내용이 많다. 이는 기존의 동시와 구별되는 것으로 우리 동시의 지평을 넓히는 데 일조하고 있다.

"시키는 대로 하기 싫은 사람/이것도 저것도 다 마음에 안 드는 사람/모두 모두 타세요!"(「삐딱선」)는 이 동시집에서 가장 인상 깊은 작품이다. 이는 평소 홍재현이 독자에게 들려주고 싶었던 말로 이 동시집의 핵심 주제이자 동시 창작과 관련하여 시인이 자신에게 건네는 말이라는 생각이 들었다. 벌써부터 홍재현의 다음 시집은 또 어떤 모습일지 기대된다.

다채롭고 풍성한 동심의 세계
― 전자윤 동시집 『부엉부엉 눈이 내려도』(브로콜리숲, 2021)

1.

작가는 지금까지 발표된 적이 없는 작품을 쓰는 사람이다. 즉 기존의 관념이나 양식을 거부하고, 새로운 세계를 만들어가는 존재이다. 그러나 작품을 쓰거나 읽어본 사람은 안다. 그것이 얼마나 어려운 일인지를. 실제로 발표되는 작품은 많아도 새로운 작품은 사실 많지 않다. 그 때문에 독자의 한 사람으로 그와 같은 작가나 작품을 만나면 무척 반갑다.

시인 전자윤이 그러하다. 그는 짧은 시력에도 인상적인 작품을 여럿 발표해 주목받았다. 그의 시는 참신하면서도 따뜻하다. 아이들의 심리와 사물의 특징을 파악해 그것을 시적으로 형상화하는 능력이 뛰어나다.

2.

같은 사물이나 현상을 노래하더라도 작품마다 결이 다르다. 그것은 시인의 세계관과 표현방식이 다르기 때문이다. 물론 시인의 세계관이 작품에 그대로 반영되는 것은 아니다. 또한 표현방식이 작품의 가치에 절대적인 영향을 주는 것도 아니다. 하지만 과거뿐만 아니라 현재에도 많은 시인이 작품을 통해 자신이 지향하는 세계를 드러내고 있으며, 그것을 어떤 방식으로 표현하느냐에 따라 감동의 크기가 달라지는 것만은 분명한 사실이다.

꼬리가 멋지니까
'물꼬리'라고 부르면 어떨까

나뭇잎 닮았으니
'물이파리'라고 부르면 어떨까

어떤 이름이라도 좋아
'고기'가 아닌 다른 이름으로
불렀으면

― 「물고기」 전문

'이름 붙이기'는 어떤 대상에게 의미를 부여하는 행위이다. 모든 사물은 그와 같은 행위를 통해 비로소 의미 있는 존재로 태어난다. 그런데 어떤 존재에게는 그것이 썩 유쾌한 일만은 아니다. 왜냐하면 어떤 개념이나 틀 안에 대상을 가둬버림으로써 진실을 은폐하기 때문이다. "어떤 이름이라도 좋아/'고기'가 아닌 다른 이름으로/불렀으면"에서처럼 이 시에 등장하는 물고기는 자기 이름이 마음에 들지 않는다. "물꼬리"나 "물이파리"처럼 예쁜 이름이 많은데 하필 "고기"라니. 자기 뜻과 무관하게 이름이 붙은 것도 못마땅한데 더욱이 그것이 자기를 한낱 식용의 대상으로만 규정짓는 이름이라니. 물고기로서는 정말 속상하겠다는 생각이 든다. 우리가 무심코 행하는 일이 자칫 다른 존재에게 일종의 폭력으로 작용할 수도 있다는 것을 보여준다.

눈에 안 보일 만큼
작아진 할아버지

지하철 물품 보관함 닮은
작은 아파트로 이사했어요

문패만 달린 작은 대문은
굳게 닫혀 있었어요

아빠와 나는

작은 대문 앞에

오래오래 서 있었어요

작아진 할아버지도 그랬을까요

작은 대문 안에서

오래오래 서 있었을까요

- 「작아진 할아버지」 전문

모든 이별이 슬프지만 어떤 이별은 더 슬프다. 가족 간의 이별, 특히 사별은 그 정도가 훨씬 심하다. 그 때문에 그와 같은 소재를 가지고 시를 창작하는 경우 실패할 확률이 높다. 그만큼 감정 조절이 어렵기 때문이다. 이 시는 "눈에 안 보일 만큼/작아진 할아버지/지하철 물품 보관함 닮은/작은 아파트로 이사했어요"에서처럼 납골당을 배경으로 할아버지와의 이별을 노래하고 있다. 그런데 죽음 혹은 슬픔과 관련된 시어는 그 어디에도 보이지 않는다. 대신에 "안 보일 만큼", "작아진", "굳게 닫혀", "오래오래" 등의 시어를 적절히 조합하고 배열하여 이별에 따른 심리적 거리감을 표현하고 있다. 그 결과 지나친 감정의 표출로부터 비롯되는 불편함을 덜어냄으로써 독자가 온전히 작품에 집중할 수 있게 만든다.

이처럼 전자윤의 시는 우리가 평소 당연하게 생각했던 관념이나 사고방식에 문제를 제기한다. 이를 통해 어떤 사물이나 현상이 지닌 실체적 진실에 더욱 가까이 접근할 수 있도록 도와준다. 또한 그의 시는 시적 주체와 대상 간에 일정한 거리를 유지하고 있다. 그 때문에 좀처럼 감정의 나락으로 떨어지지 않는다. 두 작품 모두 전자윤의 세계관과 표현방식을 이해하는 데 많은 도움을 준다.

3.
시인으로서의 자질과 관련해서 자주 거론되는 것이 비유와 상상력이다. 비유는 어떤 사물이나 현상을 그와 비슷한 다른 사물이나 현상에 빗대어 표현하는 것이고, 상상력은 경험하지 않은 현상이나 사물에 대해 머릿속으로 그려 보는 능력을 뜻한다. 이들은 모두 시 창작 과정에서 시를 시답게 만들어주는 중요한 요소이다.

파도를 이기고
태풍을 견디고
어둠을 밝혔다

송곳니 하나가

―「등대」 전문

이 시는 등대를 노래한 것으로 동시집의 맨 앞자리를 장식하고 있다. 등대는 해변이나 섬, 방파제 등에 세워놓은 구조물로 항로의 위험한 곳을 알려주는 역할을 한다. 그 때문인지 자주 시의 소재로 쓰였으며 대부분 밝고 숭고한 대상으로 그려졌다. 그런데 이 시는 그와는 느낌과 분위기가 다르다. 등대를 다소 상반된 이미지를 지닌 "송곳니"에 빗댄 것이 흥미롭다. '등대'와 '송곳니'. 그 둘 사이의 비유가 생뚱맞다고 생각하면서도 호기심에 한 번 더 들여다보게 된다. 주어와 서술어의 위치 변화 및 독특한 행과 연의 배치를 통해 시적 대상을 강조하고 있는 것도 재미있다.

눈 어두운
거인 할머니

눈 밝은
거인 아들
집에 오는 날이면

바늘귀에
실을 꿰어달라고
부탁했어요

거인 아들은

바늘에 실을 꿰어

땅에 꽂았어요

사람들은

그것도 모르고

'전봇대'라고 불렀어요

- 「거인의 바늘」 전문

  이 시는 "전봇대"를 "거인의 바늘"에 빗대어 표현하고 있다. 아마도 시인은 전봇대를 관찰하던 중에 문득 그와 생김새가 비슷한 '바늘'을 떠올리게 되고 그것이 곧 이 시를 창작하게 된 배경이었을 것이다. 그런데 시상을 전개해 나가는 과정에서 전봇대와 바늘의 크기가 상당한 차이를 보이는 것에 고민하다가 상상을 통해 "거인"을 불러냄으로써 문제를 해결했을 것이다. 전봇대를 바늘처럼 쓸 수 있으려면 보통 사람으로는 어림도 없었을 테니까. 이처럼 비유와 상상력은 이 시에서 재미와 감동을 만들어내는 중요한 요소이다.

  전자윤의 시에는 이처럼 전혀 어울리지 않을 것 같은 사물들의 결합이 자주 발견된다. 하지만 "가위바위보를 하면/바위만 내요"(「고사리 손」)와 "고개 숙인 채/휴대폰만 보는/아이들//걸어 다니는/콩나물 같아"(「콩나물과 콩 나무」), "층간 소음 없는/흰 구름 아파트"(「뭉게구름」)처럼 자세히 살펴보면 그것이 즉흥적으로 이루어진 것이 아니라 치밀한 관찰력과 풍부한 상상력의 결과라는 것을 알 수 있다.

4.
동시가 아이들의 전유물은 아니지만 일차적으로 아이들을 위한 시인 것은 분명하다. 그런데도 아이들의 삶을 제대로 그려낸 작품은 많지 않다. 그 원인으로는 크게 두 가지를 꼽을 수 있을 것 같다. 하나는 동시를 창작하는 주체가 동심과는 다소 거리가 있는 어른이라는 것이고, 다른 하나는 동시를 하나의 교육 수단으로 생각하는 사람이 많기 때문이다. 이런 사실은 동시가 아이들을 위한 미래지향적인 성격의 문학이라는 점에서 많은 생각을 하게 만든다.

버스정류장에 영진이가 서 있다
영진이는 나를 흘끗 보고
휴대폰 게임을 했다
나는 조용히 옆에 서서
영진이가 하는 게임을 구경했다
우리는
버스를 타고
학교에 도착하기 전까지

한마디도 안 했다

영진이는 휴대폰 게임을 하고

나는 구경하고

그냥 옆에 있었다

우리는 그게 인사다

- 「안녕」 전문

사회가 변하면 문화도 변하기 마련이다. 이 시는 오늘날 변화된 아이들의 인사법을 노래하고 있다. 이 시에서 "나"와 "영진"이는 친구이다. 그러나 둘은 버스정류장에서 만나 "버스를 타고/학교에 도착하기 전까지" 한마디도 하지 않는다. "영진이는 나를 흘끗 보고/휴대폰 게임을" 하고, "나는 조용히 옆에 서서/영진이가 하는 게임을 구경"만 할 뿐이다. 왜냐하면 "우리는 그게 인사"이기 때문이다. 사실 이 시는 1연만을 떼어놓고 보면 새로운 것이 없다. 이미 그와 비슷한 내용의 시는 많이 나와 있다. 하지만 이 시는 문제를 바라보는 시각에서 그들과 차이가 있다. 즉 시적 상황을 어른이 아니라 아이의 시각으로 접근함으로써 섣부르게 아이들을 가르치려고 하지 않는다. 마지막 행의 "우리는 그게 인사다"라는 화자의 말처럼 인사를 꼭 말로만 해야 하는 것은 아니다. 행동이나 표정 등의 방법으로도 얼마든지 가능하다. 진짜 친한 사람들은 말하지 않아도 서로 통하는 법이다.

어머, 어머, 얘가 밥도 안 먹고

지금 학습지 푸는 거니?

엄마가 몰래 공부하지 말랬지

다른 아이들은 열심히 논다는데

너는 자꾸 공부만 해서 어떡하니?

이러니 회전목마를 타도 어지럽다고 하지

롤러코스터 타고 싶지 않아?

공부는 나중에 어른 돼서 해도 되잖아

놀 때 실컷 놀아야지

엄마 말 듣고 열심히 놀 걸

나중에 후회하기 싫으면

틈틈이 게임도 해

참, 잊지 마!

놀이공원 마치면 놀이터 가야 해

또 학원 가서 공부하느라 늦지 말고

알았지?

오늘도 친구들이랑 실컷 놀다 와

- 「듣고 싶은 말」 부분

잔소리는 아이가 부모에게 가장 듣기 싫어하는 말이다. 이러한 잔소리는 부모가 자신이 겪은 아픔이나 실수를 아이에게 물려주지 않으려는 마음에서 비롯된다. 하지만 아이들은 청개구리 같아서 그런 부모의 기대를 자주 무너뜨린다. 그때마다 부모의 잔소리는 더욱 늘어가고 그에 비례해서 아이는 일탈을 꿈꾼다. 이 시는 그와 같은 아이의 심리를 담아내고 있다. 이 시에서 "엄마가 몰래 공부하지 말랬지", "공부는 나중에 어른 돼서 해도 되잖아", "틈틈이 게임도 해" 등은 엄마의 목소리로 발화되고 있지만 사실은 화자가 평소에 엄마에게 듣고 싶은 말이다. 즉 엄마의 공부 잔소리에서 잠시라도 벗어나고 싶은 화자가 만들어낸 가상 현실을 표현한 것이다.

그 밖에도 이 동시집에는 아이들의 삶을 노래한 작품이 여러 편 실려 있다. 이성 친구로부터 첫 고백을 받은 아이의 마음을 보일러에 빗대어 표현한 「귓속에서 보일러가 윙윙 돌아가고」와 화살표를 형상화하여 마음대로 하지 못하는 아이의 심리를 그려낸 「화살표」 등이 대표적이다. 이처럼 아이들의 삶을 노래한 전자윤의 시는 시적 발상과 표현 방법이 독특하다. 또한 오늘날 아이들의 모습과 닮아있다. 이런 사실은 그의 시가 관념에 의지하지 않고 다양한 경험과 치밀한 관찰을 통해 창작되고 있다는 것을 알려준다.

5.
전자윤의 시는 다채롭고 풍성하다. 기본적으로 그는 시가 될 만한 씨앗을 발견하고 그 안에 숨겨진 가치를 다양한 방법으로 구체화하는 능력이 뛰어나다. 「물고기」, 「얼룩말」, 「나이테」에서처럼 어떤 사물이나 현상을 재해석하는 능력이 남다르다.

하지만 그것만으로 전자윤 시의 특징을 전부 설명하기에는 무리가 있다. 아무리 시적 재능이 있어도 진정성이 뒷받침되지 않으면 좋은 시를 쓰기 어렵다. 전자윤의 시는 전반적으로 밝고 긍정적이다. 이는 세상을 바라보는 그의 눈이 깊고 따뜻하다는 것을 말해준다. 그런 점에서 전자윤은 이미 좋은 시를 쓸 수 있는 자질을 갖추고 있다고 할 수 있다.

가장 나답게, 가장 동시답게
― 이옥용 동시집 『나는 "나표" 멋쟁이』(도토리숲, 2020)

1.
해마다 백 권이 훨씬 넘는 동시집이 출간된다. 하지만 그 가운데 문학적 성취를 보여주는 동시집은 많지 않다. 어느 동시집을 펼쳐보아도 비슷한 소재와 주제, 내용과 형식의 작품이 대부분이다. 그 나름의 개성을 지닌 동시집은 찾아보기 어렵다.

실제로 몇몇 문예지에서는 연말 특집으로 그해에 나온 동시집 가운데 가장 문학적 성취가 뛰어난 동시집을 추천을 통해 선정하거나, 한 번은 다루어볼 만한 가치가 있다고 평가되는 동시집을 중심으로 좌담회를 열기도 한다. 그때마다 참석자들이 공통으로 하는 말이 발표되는 수에 비해 뛰어난 작품성과 감동을 주는 동시집이 턱없이 부족하다는 것이다.

그런 점에서 이번에 출간된 이옥용의 『나는 "나표" 멋쟁이』가 지닌 의미는 작지 않다. 2001년 '새벗문학상'으로 등단한 이후 그는 지금까지 세 권의 동시집을 펴냈다. 등단 20년에 펴낸 동시집이 고작 3권인 것에서 알 수 있듯이 그는 다작하는 시인은 아니다. 그런데도 매번 발표하는 동시집마다 자신만의 독특한 세계를 선보여 꾸준히 주목받아 왔다.

2.

이 동시집에서 가장 인상적인 것은 작품에 등장하는 아이들이 하나같이 주체적이라는 점이다. 표제작인 「나는 "나표" 멋쟁이」에서처럼 그의 작품에 등장하는 아이들은 당당하고, 밝고, 구김살이 없다. 그런데 우리 동시에서 이와 같은 아이들의 모습은 만나기가 쉽지 않다. 대부분 어른이 바라는 아이들의 모습일 뿐 실제 아이들이 원하는 것과는 거리가 있다.

이 세상에
1등은 많아도
2등은 많아도
딱 하나만 있는 게 있지
바로 나!
어떤 자도

어떤 성적표도

날 재지 못해

나는 "나"표 멋쟁이!

내 얼굴로

내 목소리로

내 걸음으로

내 길을 갈 거야

- 「"나"」 전문

우리 사회는 무엇보다 성적이 우선시되는 곳이다. 그런 사회에서 "어떤 자도/어떤 성적표도/날 재지 못해"라고 말할 수 있는 아이가 과연 얼마나 될지 의문이다. 그러나 화자는 "1등은 많아도/2등은 많아도" 이 세상에 오직 하나밖에 없는 존재가 "바로 나!"라고 말한다. 그런 다음 성적으로 평가되는 그와 같이 획일화된 세상에 맞서 당당하게 "내 얼굴로/내 목소리로/내 걸음으로/내 길을 갈 거야"라고 외친다. 어른의 눈에는 그런 화자의 모습이 다소 비현실적이고 철없는 아이의 모습으로 생각될지도 모른다. 하지만 그게 바로 아이들의 진실한 모습이자, 아이들이 궁극적으로 나아가야 할 바람직한 모습이 아닐까 생각한다.

이 외에도 "봄은 봄빛깔/여름은 여름빛깔/가을은 가을빛깔/겨울은 겨울빛깔//나는 내빛깔"(「빛깔」) 등 이번 동시집에는 아이들의 주체적인 모습을 담아낸 작품이 여럿 등장한다. 그동안 우리 동시에 등장하는 아이들을 보면 실제 아이들의 모습이라기보다는 대부분 어른이 바라는 아이의 모습에 가깝다. 즉 아이들의 정서와 생각을 담아내지 못함으로써 동시의 주된 독자인 아이들로부터 공감을 얻어내지 못했다. 그런 점에서 이들 작품이 지니는 의미는 작지 않다.

3.
이 동시집에서 또 하나 인상적인 것은 문장 부호를 활용해 시적 효과를 높이고 있는 작품이 많다는 점이다. 잘 알다시피 문장 부호는 문장의 뜻을 돕고 문장을 구별하여 읽음으로써 독자의 이해를 돕기 위해 사용하는 부호를 말한다. 따라서 완전체의 문장을 구사하는 산문과 달리 시는 정서나 사상을 함축적 언어로 표현하는 장르인 만큼 상대적으로 문장 부호의 사용으로부터 자유로운 편이다. 즉 문장 부호를 통해 어떤 시적 효과를 주기보다는 주로 행이나 연에 변화를 주는 방법을 사용한다.

?
...
!
!!!

- 「선물」 전문

하늘아 하늘아
어디부터 너니?
우리 집 지붕 위?
전봇대 위?
아니면 산꼭대기 위?

하늘아 하늘아
어디까지 너니?
산꼭대기까지?
구름마을까지?
달나라까지?

너네 집 놀러가도 되니?

- 「하늘네 집」 전문

이들은 문장 부호를 활용해 시적 효과를 얻고 있는 대표적인 작품이다. 「선물」은 "?/···/!/!!!"에서처럼 오로지 문장 부호만을 사용하여 의미를 전달하고 있다. 그 때문에 이와 같은 기호만으로는 의미를 파악하기가 쉽지 않다. 다만 그 제목인 '선물'을 통해 시인의 의도 즉 아마도 선물을 주고받을 때의 느낌과 생각을 표현한 것이 아닐까 짐작해 볼 수 있을 뿐이다. 「하늘네 집」은 11행으로 이루어진 작품이다. "하늘아 하늘아/어디부터 너니?"와 "하늘아 하늘아/어디까지 너니?"에서처럼 이 작품은 무한한 공간인 하늘에 대한 화자의 호기심을 노래하고 있다. 그런데 11행 가운데 무려 9행을 물음표로 마무리하고 있다. 이는 호기심이 왕성한 화자의 심리를 효과적으로 드러낼 뿐만 아니라 속도감 있는 전개와 리듬감을 조성하는 데 일조한다.

"발딱!/발딱!/발딱!/알았지?"(「발딱」), "우리 청개구리가 아-닙--니---다!"(「팩트체크」), "빠—지---직--/빠빠지---직--"(「공동 작업」) 등도 그와 같은 범주에 포함되는 작품이다. 이처럼 이 동시집에는 마침표, 쉼표, 물음표, 느낌표, 줄임표, 줄표, 따옴표 등 많은 문장 부호가 등장한다. 시집에 수록된 총 62편 가운데 문장 부호가 사용되지 않은 작품은 8편에 불과할 정도이다. 그와 더불어 글자 크기와 글자체에 변화를 주기도 하고 시행을 독특하게 배열하여 시적 효과를 극대화하는 작품도 많은 수를 차지하고 있다.

4.
마지막으로 이 동시집에서 인상 깊었던 것은 사회문제를 담아낸 작품이 많다는 점이다. 이들은 주로 4부에 실려있는데 그 종류는 물론 발언의 수위가 만만치 않다. 끊임없이 소비자의 욕망을 자극하는 '상업광고'를 비롯해 '인종차별', '생태', '교육' 등 우리 사회가 직면한 다양한 문제를 해학과 풍자를 통해 날카롭게 지적하고 있다. 이옥용이 이러한 문제의식을 담아낸 것은 두 번째 동시집 『알파고의 말』이 그 시작이다. 그런데 이 동시집의 경우 그 수도 많고 비판의 강도도 훨씬 강하다.

하느님이 뷔페를 차렸어
모든 동물을 초대했지
인간도 참석했단다
식탁 가득 차려진 음식을
모두 맛있게 먹었어
(중략)
하느님은 손님들을 흐뭇이 바라봤어
그러고는 식탁을 치우려고 했지
그런데 손님들 중 딱 하나가 남았지 뭐야
그건 바로 인간이었어!
너와 나의 조상!
하느님이 물었어
"아직 배가 안 부르니?"
인간은 자루에 음식을 가득 담았어
인간이 말했어

"다음엔 저만 불러주세요!"

- 「뷔페」 부분

전철을 탔다
나도
옆 사람도
저 멀리 있는 사람들도
모두모두 합! 합!
큰 마스크를 썼다
입마개 한 멍멍이들 같다
은행 강도 같다
미세먼지에게
모두모두 벌 받고 있다
벌벌벌 떨면서

- 「미세먼지」 전문

 이들은 풍자를 통해 오늘날의 세태를 비판하고 있다. 풍자는 사회의 부조리한 현상이나 모순을 에돌려 말하는 것으로 이옥용의 동시에서 곧잘 발견되는 표현 수단이다. 「뷔페」는 "하느님이 뷔페를 차렸어/모든 동물을 초대했지/인간도 참석했단다"에서처럼 구어체를 사용해 옛이야기 방식으로 자신의 이익이나 행복밖에 모르는 인간의 이기심을 비판하고 있다. 이 작품에서 하느님이 차린 뷔페에 초대받은 인간은 다른 동물들이 다 떠나간 뒤에도 혼자 남아 음식을 먹는다. 그뿐만이 아니라 자루에 음식을 가득 담아가는 것으로도 모자라 하느님에게 "다음엔 저만 불러주세요!"라고 말한다. 「미세먼지」는 제목에서 알 수 있듯이 오늘날 인류의 최대 관심사인 환경문제를 노래하고 있다. 이 작품에서 화자는 마스크를 하고 지하철에 탄 사람들을 "입마개 한 멍멍이들 같다/은행 강도 같다"라고 말한다. 이어서 "미세먼지에게/모두모두 벌 받고 있다/벌벌벌 떨면서"라고 이야기한다. 비록 소재는 다르지만, 이 작품도 「뷔페」와 마찬가지로 모순된 인간의 모습을 풍자하고 있다.

이처럼 사회문제를 다룬 동시에서 인간은 모든 문제를 발생시키는 근원으로 그려진다. 또한, 시인은 "목련나무는 호들갑떠는 사람들보다/씨앗 물어간 참새가 훨씬 고마웠어요"(「목련 나무」), "사람이 만일 (중략)/물고기가 되면/서로서로 흉을 덜 볼까?"(「만일」)에서처럼 그와 같은 인간의 모습을 자연물과의 대비를 통해 극대화하고 있다. 사실 오늘날 인류가 직면한 문제 대부분이 인간의 끝없는 욕심과 무지로부터 비롯된 것임을 생각할 때 이러한 비판은 당연한 것으로 생각한다. 하지만 「마음코르셋」과 같은 작품의 경우엔 시대의 흐름에 역행하는 문제의식 및 가치관을 보여주고 있다는 생각이 든다.

5.

이옥용의 세 번째 동시집인 『나는 "나표" 멋쟁이』는 개성이 충만하다. 첫 번째 동시집인 『고래와 래고』(푸른책들, 2008), 두 번째 동시집인 『알파고의 말』(청개구리, 2019)을 통해 독자들로부터 우리 동시 문단에서 가장 개성 있는 시를 쓰는 시인이라는 명성을 얻고 있는 시인답게 이 동시집 역시 기대를 저버리지 않는다.

특히 이 동시집은 주체적인 아이들의 모습을 담아내고 있을 뿐만 아니라 풍자 수법을 활용해 여러 가지 사회문제를 그려낸 작품이 많이 등장한다. 또한 다양한 문장 부호의 사용, 독특한 행의 배열, 글씨체의 변화 등을 통해 시적 효과를 높이고 있다.

「코로나바이러스-19」 등 몇몇 작품의 경우 특정 사건이나 현상을 너무 가볍게 다루고 있다는 생각이 들기도 한다. 그런 아쉬움에도 불구하고 그 나름의 문학적 성취와 개성을 확보하고 있다는 점에서 한번쯤 눈여겨 볼 만한 시집이다.

착하게 사는 것만큼 어려운 동시 쓰기
― 김현숙 동시집 『아기 새를 품었으니』(국민서관, 2020)

1.

어떤 종류이든 타자와 좋은 관계를 유지하기 위해서는 상대방에 대한 관심과 애정이 필요하다. 그러려면 우선 마음이 따뜻해야 하고 상대방의 아픔에 공감할 수 있는 능력이 있어야 한다. 이는 비단 인간 사이에서의 관계에만 국한되지 않는다. 시를 창작하는 데에도 그대로 적용된다. 물론 그와 같은 심성과 능력이 반드시 좋은 시로 직결되는 것은 아니다. 하지만 그렇지 못할 경우와 비교할 때 좋은 소재를 발굴하고 독자들과 소통할 수 있는 좋은 시를 쓸 가능성이 큰 것만은 분명한 사실이다.

첫 번째 동시집 『특별한 숙제』의 해설에서 박혜선은 김현숙 시인의 장점으로 사물과의 탁월한 소통능력을 지적한 바 있다. 시인 역시 "저는 항상 주변에 버려진 곳들, 다른 사람들이 관심 가지지 않는 것들에

눈길이 가요."(「시인의 말」 참조)라고 이야기하고 있다. 이처럼 주변의 사소한 것들을 그냥 지나치지 못하고 마음을 열고 그들의 말에 귀를 기울여 끝없이 소통을 시도하는 것이 김현숙 동시의 주된 특징 가운데 하나이다.

버려진
고무신에
팬지꽃 피었다

신발 신은 팬지꽃
행복하겠다

걷고 싶겠다

- 「팬지꽃 신발」 전문

이 시는 김현숙의 두 번째 동시집 『아기 새를 품었으니』의 첫머리에 놓인 작품으로 버려진 고무신 안에 피어난 팬지꽃을 형상화하고 있다. 우선 이 작품에서 눈여겨볼 것은 독특한 구성법이다. 3연 6행으로 이루어졌는데, 연이 바뀔 때마다 행의 수가 '3행 → 2행 → 1행'으로 하나씩 줄어드는 형태를 띠고 있다. 이는 시인이 애초 의도한 것인지 아닌지는 알 수 없지만 마지막 연에 시상을 집중시키는 효과를 발휘하고 있다. 또한 마지막 행을 하나의 완결된 문장으로 처리하지 않은 점도 의미심장하다. 주어를 생략한 채 "걷고 싶겠다"와 같이 용언만으로 행을 마무리함으로써 주체가 '팬지꽃'인지 아니면 '고무신'인지 모호하게 만들고 있다. 이로 인해 중의적 해석이 가능하도록 만드는 효과를 얻어내고 있다.

    수염을 뽑고
    껍질 벗겨 보니
    가지런한 이빨들
    생글생글 웃으며
    한마디 한다

    고마워
    무지 갑갑했거든

                                     -「옥수수」전문

같은 소재라도 시인이 그것을 어떻게 인식하고 어떤 방식으로 풀어내느냐에 따라 시의 빛깔이 달라진다. 그동안 옥수수를 소재로 한 작품은 많았다. 따라서 단순히 소재만을 가지고 본다면 이 작품은 전혀 새로울 게 없다. 그런데도 이 작품이 눈길을 끄는 것은 다른 작품들과 표현하는 방식이 다르기 때문이다. 즉 다른 작품들의 경우 시적 화자가 시인 또는 그 대리인 격인 어린이가 대부분이고 내용도 사물의 특성을 피상적으로 그려내는 데 그치고 있다. 하지만 "가지런한 이빨들/생글생글 웃으며/한마디 한다"에서처럼 이 작품은 옥수수를 의인화하여 화자로 등장시킴으로써 색다른 맛을 준다.

이처럼 김현숙은 사물과 소통하는 능력이 남다르다. 아무리 작고 보잘것없는 사물이라도 그의 눈길이 닿으면 새롭게 태어난다. 꽃은 각기 다른 향기의 교과서를 지닌 나비들의 학교가 되고(「나비 학교」), 매미 허물은 먼 여행길에 지친 개미의 쉼터가 되기도 한다(「매미 허물」). 그런가 하면 거미의 집은 먹이를 잡기 위한 직장으로(「거미집」), 봄 내음 가득한 쑥국은 아침을 알리는 알람으로 변주되기도 한다(「쑥국 알람」). 이는 독자에게 대상을 낯설게 하는 동시에 강렬한 인상을 심어준다. 작고 보잘것없는 존재에 대한 시인의 관심과 애정이 잘 드러나는 대목이다.

3.

다양한 형식과 세련된 표현기법은 김현숙 동시의 또 다른 특징이다. 마음속에 떠오른 느낌과 생각을 언어로 압축하여 나타내야 하는 시의 특성상 다양한 형식과 다양한 표현기법에 대한 고려는 선택이 아닌 필수이다. 아무리 좋은 소재라도 그것을 효과적으로 드러내지 못한다면 좋은 평가를 받기 힘들다. 그런 점에서 김현숙의 동시는 일단 신뢰할 만하다. 첫 번째 동시집은 물론 두 번째 동시집에도 다양한 형식과 새로운 표현기법으로 창작된 작품이 자주 발견된다. 여기에 아이들이 밝고 건강하게 성장하기를 소망하는 시인의 마음이 더해져 더욱 빛을 발한다.

개나리 꽃망울
터진다
감나무에 새잎
터진다
개구리 입
터진다
놀이동산에 팝콘
터진다
아이들 웃음
터진다

남에서
북으로
봄, 봄, 봄
터진다

- 「터진다」 전문

제8회 푸른문학상 당선작 가운데 하나인 이 작품은 2연 14행으로 이루어졌다. 모두 여섯 개의 문장으로 구성되어 있는데 "개나리 꽃망울/터진다/감나무 새잎/터진다"에서처럼 동사 '터진다'를 한 행에 나란히 적지 않고 행 갈이를 통해 다음 행에 배치하여 생동감 넘치는 봄의 정경을 묘사하고 있다. 또한 1연에서는 '개나리, 감나무, 개구리, 팝콘, 웃음'으로 '터진다'의 주체에, 2연에서는 '남과 북'으로 '터진다'의 공간에 변화를 줌으로써 더욱 역동적인 봄의 기운을 느낄 수 있도록 만든다. 이와 더불어 「비꽃」도 형식과 기법 면에서 한 번쯤 주목해볼 만한 작품이다. "잎 한 장 없이/줄기만/쭉/쭉/쭉/뻗어 내리다//땅에/닿아서야/비로소/핀다//톡!"에서처럼, 이 작품은 비가 내리는 모습을 형상화하고 있다. 땅에 닿아 부서지는 빗방울을 꽃에 비유한 것도 재미가 있지만 "쭉/쭉/쭉"과 같이 수직으로 떨어지는 비를 시각적으로 드러내기 위해 한 음절의 시어를 3행에 걸쳐 배열해 놓은 것도 인상적이다.

소나기 오려고
어둑해진
연못

노랑어리연꽃이

하나, 둘

꼬마전구 켜 놓았다

소금쟁이

물방개

맘 놓고 놀라고

맹꽁이

장구애비

길 잃지 말라고

- 「꼬마전구」 전문

"시는 곧 비유다"라는 말처럼 비유는 시를 시답게 만드는 중요한 요소이다. 이 작품은 "어둑해진/연못"에 핀 "노랑어리연꽃"을 "꼬마전구"에 빗대어 표현하고 있다. 노랑어리연꽃은 다년생 수생식물로 주로 늪이나 연못에서 자란다. 보통 여름에 지름 3~4cm 정도의 노란색 꽃을 피우는데 어스름할 무렵 노랑어리연꽃을 보면 마치 전구에 불을 밝힌 듯 환한 느낌을 준다. 이러한 전구 빛 이미지는 "감나무 발전소는 느리다/감 이파리가 태양열 발전을 시작한 지/두 계절이 지나서야 불이 켜진다/감나무에 켜진 알전구들//가을이 환하다"(「홍시」)에서도 발견되는데, 이는 전반적으로 밝고 환한 김현숙 동시의 분위기를 조성하는 데 기여하고 있다. 이 작품은 전체 4연으로 구성되어 있는데, 앞의 두 연과 뒤의 두 연 사이에는 다음과 같은 차이가 있다. 1연과 2연이 연못에 핀 노랑어리연꽃의 모습을 묘사하고 있다면 3연과 4연은 "소금쟁이/물방개/맘 놓고 놀라고//맹꽁이/장구애비/길 잃지 말라고"와 같이 그것에 대한 시인의 주관적 해석을 담고 있다. 이 작품이 독자에게 진한 감동을 준다면 아마도 그것은 3연과 4연에 담긴 시인의 넉넉하고 따뜻한 마음 씀씀이 때문일 것이다.

김현숙의 동시는 세상을 긍정적으로 바라보는 시인의 따뜻한 마음과 다양한 형식과 표현기법 등이 결합해 탄생한다. 서로를 의지하며 살아가는 할아버지와 할머니를 노래한 「서로 지팡이」, 어쩌다 민들레꽃을 먹어버린 염소가 민들레꽃의 친구인 제비꽃에 미안해하는 마음을 노래한 「염소와 민들레꽃」 등 김현숙의 동시에 그와 같은 작품이 유독 많다는 사실은 그의 동시가 지향하는 세계가 어떠한 것인지를 짐작할 수 있게 해준다.

4.
동시는 어른이 아이들에게 들려주기 위해 쓴 시를 말한다. 그런데 이러한 정의를 잘못 이해해서 마치 동시를 아이들을 계몽하는 하나의 수단쯤으로 생각하는 시인들이 있다. 이는 자연스럽게 작품의 수준을 떨어뜨리고 결과적으로 동시에 대해 좋지 않은 평가를 불러왔다. 물론 아동을 대상으로 창작하는 동시의 특성상 교육적인 측면을 전혀 무시할 수는 없다. 하지만 그렇다고 하더라도 그것이 설익은 훈계조가 되어서는 안 된다. 즉 이성이 아니라 정서에 호소하는 문학적 방법으로 이루어져야 한다.

그 점에 있어 김현숙의 동시는 믿을 만하다. 우선 그의 동시에는 교훈적인 내용이 많지 않다. 더러 그와 같은 성향을 띤 작품이 발견되기도 하지만 적절한 비유와 상징을 통해 간접적으로 표현하고 있다. 아이들의 날것 그대로의 목소리는 찾아보기 어렵다. 그래서인지 작품의 수준이 고르고 미학적 성취도 높은 편이다.

서로

빈틈없이

꽉

꽉

껴안는 거야

못마땅한 일 있어도

꼭꼭

껴안기부터 배우는 거야

　　　　　　　　　　－「양배추 학교」 전문

좋은 시를 쓰기 위해서는 사물이 지닌 특성을 찾아 그에 걸맞은 의미를 부여하는 능력이 있어야 한다. 이 작품은 그 제목에서처럼 양배추를 소재로 하고 있다. 시인은 둥근 잎이 "서로/빈틈없이/꽉/꽉" 포개져 단단한 결구를 이루고 있는 양배추의 생김새로부터 사람과 사람 사이의 관계에 관한 지혜를 발견하고 이를 한 편의 아름다운 시로 형상화하고 있다. 그런데 이러한 능력은 누구나 가질 수 있는 것은 아니다. 더욱이 예리한 관찰력으로 사물을 환히 꿰뚫어 볼 수 있는 능력은 짧은 시일에 얻어질 수 있는 것이 아니다. 오랜 시간 숙련되어 있지 않으면 불가능하다.

민들레 씨앗처럼
바람에게 힘을 빌리지 않을 거야

도깨비바늘처럼
사람들 옷자락에 매달려 가지도 않을 거야

멀리 가지는 못하더라도
내 힘으로 갈 거야

톡 톡 톡

내 길을 갈 거야

-「봉숭아 씨앗」전문

그 점은 이 작품에서도 확인할 수 있다. 생물학자들에 따르면 모든 생물은 후손을 많이 남기도록 진화해 왔다고 한다. "민들레 씨앗처럼/바람에게 힘을 빌리지 않을 거야"에서처럼 이 작품은 식물이 후손을 남기기 위해 저마다의 방식으로 씨앗을 퍼뜨리는 것에서 착상하고 있다. 그런데 만일 이 작품이 단순히 그러한 번식법을 묘사함으로써 어떤 지식이나 정보를 전달하는 데 그쳤더라면 사실 아무런 감흥을 주지 못했을 것이다. 하지만 시인은 그것에 새로운 의미를 부여함으로써 미학적으로 뛰어난 성과를 거두고 있다. 특히 이 작품에서 인상적인 것은 민들레 씨앗과 도깨비바늘처럼 다소 큰 씨앗과 봉숭아 씨앗처럼 아주 작은 씨앗을 상반된 위치에 놓은 점과 마지막 행인 "내 길을 갈 거야"를 앞 행에 붙이지 않고 따로 떼어놓음으로써 봉숭아 씨앗의 당당하면서도 주체적인 모습이 더욱 잘 드러날 수 있도록 만들었다는 점이다.

이미 여러 차례 지적받아 온 것처럼 우리 동시에 등장하는 아이들의 모습은 지나치게 착하고 순종적이다. 진짜 아이들의 모습이라기보다는 어른들이 바라는 아이의 모습이라고 할 수 있다. 이는 동시를 쓰는 상당수의 시인이 동시에 대해 제대로 이해하지 못하고 있기 때문이다. 즉 동시를 아이들에게 주는 것에만 신경을 썼지 정작 아이들이 어떤 동시를 원하는지는 중요하게 생각하지 않았다. 그 결과 동시 속 아이들의 모습은 실제 아이들의 모습과 거리가 멀었고, 그로 인해 동시의 실질적인 독자인 아이들로부터 외면받아 온 것이 사실이다.

  거꾸로 담쟁이가 있었대 다른 담쟁이들은 끙끙 담장을 올라가는
  데 거꾸로 담쟁이는 담장 오르는 게 싫어서 땅바닥을 기어갔대 다
  른 담쟁이들은 담장을 다 오르고 한들한들 바람과 놀고 있는데 거
  꾸로 담쟁이는 아직도 길을 가고 있대 다른 담쟁이들이 가보지 못
  한 길을
                -「거꾸로 담쟁이」전문

그런 의미에서 김현숙의 동시는 한번쯤 주목해 볼 필요가 있다. 이 작품은 첫 번째 동시집에 실려 있는 것으로 담쟁이를 소재로 하고 있다. "거꾸로 담쟁이는 아직도 길을 가고 있대 다른 담쟁이들이 가보지 못한 길을"에서처럼 이 작품에 등장하는 이 '거꾸로 담쟁이'는 조금 특별하다. 다른 담쟁이들이 모두 담장을 기어오를 때 '거꾸로 담쟁이'는 그들과는 다른 자신만의 방식으로 새로운 길을 찾아 나선다. 즉 평범함을 거부하고 새로운 도전을 즐기는 개성적인 존재로 그려진다. 비록 김현숙의 전체 작품에서 아이들의 삶을 구체적으로 담아낸 작품의 수는 그리 많지 않지만 이들 작품에 등장하는 아이들은 실제 아이들의 모습에 가깝다. 또한 주체적인 존재라는 점에서 특별한 의미를 지니고

있다.

5.
동시는 동심과 시의 결합이다. 독자인 아이들의 마음을 잘 이해하고 그것을 시적으로 표현하는 장르이다. 그 때문에 읽기는 쉬워도 쓰기는 어려운 것이 바로 동시이다. 그런데도 여전히 동시를 가볍게 여기는 사람이 생각보다 많다. 사정이 이런 데에는 동시를 창작하는 시인들의 책임이 무엇보다 크다. 실제로 발표되는 동시는 많지만 그럭저럭 마음에 드는 동시는 손에 꼽을 정도이다. 부끄럽지만 동심은 물론 시에 대해 제대로 공부하지 않고 창작한 작품이 너무나도 많은 것이 우리 동시의 현실이다.

이런 현실에서 늘 겸손한 자세로 자신만의 빛깔과 목소리를 찾아 아이들에게 좋은 시를 들려주기 위해 노력하는 김현숙의 태도는 칭찬받을 만하다. "너희와 같은 동심을 가지고 싶지만 더 맑은 눈을 갖지 못해 미안하고 더 밝은 마음을 품지 못해 부끄럽구나."라는 말에서처럼 김현숙은 시적 재능도 뛰어나지만 누구보다 열심히 아이들의 마음을 이해하려고 애쓰는 시인이다. 앞서 살펴본 바와 같이 그의 동시는 비교적 동시가 지녀야 할 요건을 잘 충족하고 있는 편인데 이는 바로 그와 같은 건실한 마음에서 비롯된다.

그렇다고 김현숙의 동시가 모두 만족스러운 것은 아니다. 우선 이번에 나온 두 번째 시집에 수록된 작품의 주제와 소재, 내용과 형식이 첫 번째 시집과 큰 변화가 없어 새로움이 덜하다. 또한 여전히 아이들의 삶을 구체적으로 담아낸 작품이 적어 그만큼 생동감 넘치는 아이들을 만나 보기가 어렵다. 시적 모험은 힘들지만 문학적 깊이와 지평을 확장한다는 점에서 의의가 있다. 지금도 착하게 사는 것만큼이나 어려운 동시 쓰기에 매진하고 있을 김현숙의 다음 과제는 바로 그것이 아닐까 싶다.

도깨비의 재탄생
– 권영상 동시집 『도깨비가 없다고?』(사계절, 2019)

1.

'도깨비'는 민간신앙에 등장하는 초자연적인 존재로 우리 민족의 정서와 욕망, 사고방식이 짙게 배어있는 매우 친숙하면서도 매력적인 캐릭터이다. 또한 도깨비는 여느 귀신과 달리 등불 도깨비, 달걀 도깨비, 멍석 도깨비 등과 같이 형체가 일정하지 않고 변화무쌍하다. 장난이 심하지만 귀신처럼 사람에게 해코지하지 않는다. 오히려 사람의 꾀에 넘어가 이용당하는 어리숙한 모습을 보이기도 한다. 노래와 춤을 즐기고 초인적인 능력을 발휘하여 악한 사람은 벌하는 등 흥미로운 요소를 다분히 지니고 있다.

그 때문에 도깨비는 오랜 세월 사람들에게 많은 사랑을 받았으며 지금도 드라마와 만화영화, 동화와 그림책을 비롯해 다양한 상품의 캐릭터로 널리 사용되고 있다. 그런데도 도깨비를 소재로 한 동시는 찾아보기 어렵다. 아마도 이는 도깨비 이야기가 한국 설화를 대표하는 서사로 굳건히 자리매김한 탓이 아닐까 싶다. 그런 점에서 권영상의 동시집 『도깨비가 없다고?』는 특별하다. 시집 전체를 도깨비 이야기로 꾸몄을 뿐만 아니라 다양한 변주를 통해 오늘날에 맞게 재탄생시킴으로써 새로운 시적 가능성을 보여주고 있기 때문이다.

2.
    그날 밤,
    고갯길에서 만난
    산도깨비
    아부지한테 으름장 놓더라지.

    네 아들을 내놓아라!

    그때 마침 울 아부지.
    주머니 속 탱자 하나 여 다!
    쥐여 주었다지.

    햐, 그놈 꼭 탱자같이 생겼군.

산도깨비

낄낄낄 돌아가더라지.

— 「산 고갯길에서」 전문

자작나무 숲에 도깨비가 집 지었다.

가만 보니 기둥이 없다.

벽이 없다. 문짝이 없다.

지붕만 덩그러니 기와집 한 채.

밤마다

그 집에 도깨비 모여든다.

댕기 도깨비, 감투 도깨비, 눈 도깨비에

굴뚝 도깨비,

콩알 도깨비, 방구 도깨비, 꽃 도깨비에

오만 도깨비

둥그렇게 모여 앉아

윷놀이한다.

모요!

또 한 윷이요!

- 「윷놀이한다」 전문

　이들은 시집에 실린 작품 가운데 도깨비 이야기의 원형을 비교적 잘 살리고 있는 작품이다. 「산 고갯길에서」는 밤길을 걷던 화자의 아버지가 산도깨비를 만나서 벌어지는 사건을 담고 있다. 아들을 내놓으라는 도깨비의 으름장에 "주머니 속 탱자"를 쥐어 준 아버지의 두둑한 배포도 재미있지만, 그걸 받아들고 "햐, 그놈 꼭 탱자같이 생겼군" 하고 껄껄 돌아서는 도깨비의 모습에 절로 미소가 지어진다. 심술궂은 장난을 즐기는 도깨비의 특징이 잘 나타나 있다. 「윷놀이한다」는 자작나무 숲에 모여 놀이를 즐기는 도깨비들의 모습을 노래하고 있다. 이 작품에는 초인적인 능력으로 벽과 기둥 없이 "지붕만 덩그러니" 있는 기와집을 지어놓고, 밤마다 모여 윷놀이를 즐기는 다양한 형체의 도깨비들이 등장한다. 그런데 이러한 초인적인 능력과 '댕기 도깨비, 감투 도깨비, 굴뚝 도깨비, 방구 도깨비, 오만 도깨비'와 같이 형체가 일정하지 않은 것 역시 도깨비의 중요한 특징이다.

캄캄한 밤
도깨비가 참새 잡으려고
참새 구멍 앞에 앉아 기다린다.

기다리다 지친

도깨비가 참새 구멍에 대고 투덜댄다.

니 오줌 누러도 안 나오나?

기다리다 지친
도깨비가 울먹울먹 울먹이며 불평한다.

정말 니, 밤똥 누러도 안 나오나?

－「참새 구멍 앞에서」 전문

그 점은 이 작품도 크게 다르지 않다. 다만 이 작품이 앞의 작품과 다른 것은 순진하면서도 어리숙한 도깨비의 모습에 초점을 맞추고 있다는 점이다. 이 작품에는 캄캄한 밤에 참새를 잡으려고 참새 구멍 앞에서 기다리는 도깨비가 등장한다. 이 도깨비는 아무리 기다려도 참새가 나오지 않자 "니 오줌 누러도 안 나오나?", "정말 니, 밤똥 누러도 안 나오나?" 하고 울먹인다. 변화무쌍하고 초인적인 능력을 지닌 도깨비가 고작 참새 때문에 울먹이다니 생각만 해도 웃음이 나온다. 이는 「섣달 그믐밤」에 등장하는 도깨비도 마찬가지이다. 이 도깨비는 섣달 그믐날 밤에 신발을 훔치러 왔다가 정작 신발은 훔치지 못하고, 새벽닭이 울도록 "처마 끝에 달아 놓은/쳇바퀴 촘촘촘 구멍"을 새느라 바쁘다. 마치 그 모습이 심부름을 보냈더니 도중에 친구를 만나 노는 데 정신이 팔려 날이 저무는 줄 모르는 아이의 모습과 닮았다.

12번 버스 간다.

신호등에 걸려 있는 나를 두고

보란 듯이 싹, 지나간다.

기사 아저씨! 저 좀!

동동거리며 소리쳐도 소용없다.

한발 늦었다.

이러려고 도깨비 녀석

집에서 나올 때

멀쩡한 신발 끈을 풀었다 매게 했다.

이러려고

어디 가니, 어디 가니?

개미들에게 가는 길을 물어보게 했다.

- 「한발 늦었다」 전문

엄마, 이래도 제가 안 보이나요?

학원 가기 싫다는,

엄마 코앞의 제가 정말 안 보인다고요?

제 얼굴에 흐르는 눈물이
안 보이나요?
이 시간만 되면
힘없이 주저앉는 제 어깨가
안 보인다고요?

엄마, 제 얼굴 한번 비벼 보세요.
제 머리에 씌워놓은 도깨비감투 한번
벗겨 놓고 보세요.

이래도 콩알만 하게
작아지는 제가 안 보인다고요?

－「도깨비감투」전문

뭐니 뭐니 해도 이 시집의 가장 큰 매력은 도깨비 이야기를 단순히 시의 형식으로 옮겨놓은 것이 아니라 다양한 변주를 통해 도깨비를 오늘날에 맞게 새로운 모습으로 재탄생시키고 있는 점이다. 이들은 그 대표적인 작품으로 시인의 상상력과 재치가 돋보인다.「한발 늦었다」에서 화자는 자신이 버스를 놓친 것이 도깨비의 소행 때문이라고 말한다. 도깨비가 버스를 놓치게 하려고 일부러 "집에서 나올 때/멀쩡한 신발 끈을 풀었다 매게"하고, 어디를 가는지 자꾸 "개미들에게 가는 길을 물어보게 했다"고 핑계를 대고 있다. 잘 아는 것처럼 핑계는 자신의 책임을 다른 곳에 전가하는 행동으로 아이들에게서 자주 나타나는데 그런 아이들의 심리를 도깨비를 차용해 재미있게 그려내고 있다. 「도깨비감투」는 학원에 가기 싫어하는 아이의 마음을 담아낸 작품이다. 화자는 학원에 갈 시간만 되면 "힘없이 주저앉는 제 어깨가" 안 보이느냐며 엄마에게 자신의 어려움을 하소연한다. 하지만 엄마가 꿈쩍도 하지 않자 "제 머리에 씌워놓은 도깨비감투"를 벗겨놓고 자신을 봐달라고 애원한다. 도깨비감투는 몸에 붙이면 사람의 형체가 보이지 않는다는 신기한 물건으로 도깨비 이야기에 단골로 등장하는데 이를 변주해 오늘날 학업 스트레스에 시달리고 있는 아이들의 처지를 대변하고 있다.

도깨비, 학교 간다.
학교 간다 해 놓고 산에 놀러 간다.
도깨비, 공부한다.
공부한다 해 놓고 쿨쿨 잠잔다.
도깨비, 학원 간다.
학원 간다 해 놓고 풀숲 지렁이랑 논다.

도깨비, 숙제한다.

숙제한다 해 놓고 카톡 한다.

도깨비, 엄마 아빠! 안녕히 주무세요! 한다.

그래 놓고 저는 말똥말똥 만화책 본다.

-「못 말리는 도깨비」 전문

도깨비는

왕이 되고 싶다.

여봐라, 게 누구 없느냐!

한번 소리쳐 보고 싶다.

해 뜨면

숲속 그늘에서 온종일 게임하고

해 지면

별 사이를 날아다니며 여행하는 나라.

그 나라 왕이 되고 싶다.

여봐라, 학교를 샅샅이 찾아내어 놀이터로 만들라!

내 맘대로 어명을 내리는

나만의 나라

그 나라 왕이 되고 싶다.

도깨비는.

　　　　　　　　　　－「왕이 되고 싶다」 전문

　이들 작품은 한발 더 나아가 오늘날 아이들의 욕망을 도깨비에게 투사함으로써 또 다른 재미를 준다. 「못 말리는 도깨비」는 표면적으로는 화자의 눈에 비친 도깨비의 모습을 그리고 있지만 실제로는 화자 자신의 욕망을 노래한 작품이다. "공부한다 해놓고 쿨쿨 잠"을 자거나 엄마와 아빠에겐 주무시라 하고 "저는 말똥말똥 만화책"을 보는 도깨비의 모습은 화자가 꿈꾸는 이상적인 모습이다. 이는 「왕이 되고 싶다」도 마찬가지이다. 이 작품에서 화자는 "도깨비는/왕이 되고 싶다"라고 말한다. "숲속 그늘에서 온종일 게임하고/해 지면/별 사이를 날아다니며 여행하는 나라", "내 맘대로 어명을 내리는/나만의 나라"의 왕이 되고 싶다고 말한다. 그런데 이 도깨비는 사실 화자의 욕망이 만들어낸 또 다른 자신의 모습이다. 이처럼 이들 작품은 오늘날 아이들의 바라는 세상을 노래하고 있는데 그것이 부모나 선생님이 아니라 초현실적인 존재인 도깨비를 통해서만 실현될 수 있다는 현실이 안타깝다.
　이 외에도 이 시집에는 도깨비를 소재로 한 50편의 작품이 실려 있다. 이들은 설화 속 도깨비 이야기의 원형을 비교적 충실하게 시적으로 형상화한 작품, 다양한 변주를 통해 도깨비를 오늘날에 맞게 새로운 모습으로 재현한 작품, 오늘날 아이들의 욕망을 도깨비를 차용해 구현해낸 작품 등으로 분류해 볼 수 있다. 그래서인지 각각의 작품마다 감동의 폭과 깊이가 다르다. 어떤 작품은 깔깔깔 배꼽을 쥐게 만드는가 하면, 또 어떤 작품은 어린 독자들로 하여금 맞아 바로 내 이야기야 하고 고개를 끄덕이게 한다. 한 권의 시집 안에서 이처럼 다채로운 감정을 맛볼 수 있는 경험은 흔치 않다.

3.

이 시집의 구성은 총 4부로 나뉘어 있는데 딱히 어떤 기준에 따라 분류해 놓은 것 같지는 않다. 시집 사이사이에 도깨비 안내서라 할 수 있는 5편의 이야기가 '도깨비 수첩'이란 이름으로 수록되어 있다. '도깨비, 그는 누구일까요?', '도깨비는 무얼 먹고 살까요?' '도깨비, 어떻게 생겼을까요?' 등이 바로 그것이다. 이들은 독자들에게 도깨비와 관련한 정보를 제공함과 동시에 작품을 이해하는 데 도움을 준다. 최근 특정한 소재를 활용한 기획 동시가 부쩍 늘어나고 있는데, 이처럼 설화를 새롭게 형상화하는 것도 동시의 지평을 넓히는 좋은 방법이란 생각이 든다.

제2부 동시의 저울

따뜻한 시선과 맑징한 이미지
- 이영애 동시집 『스마트폰이 심장을 갖는다면』(열린어린이, 2018)

이영애의 동시에서 자주 사용되는 수사법은 은유이다. 잘 알다시피 은유는 어떤 행동이나 개념, 물체 등을 그와 유사한 성질을 지닌 다른 말로 대체함으로써 기존의 의미가 새로운 의미로 전이되도록 하는 것이다. 현대 시론에서 은유는 시의 효과를 극대화하는 방법으로 중요하게 다루어져 왔는데, 이는 은유를 적절히 활용할 경우 내용을 효과적으로 전달할 수 있을 뿐만 아니라 감각적인 쾌감을 선사하는 데 용이하기 때문이다. 그럼 점에서 이영애의 동시 가운데 상당수가 은유를 기반으로 창작되고 있다는 것은 시적 재능이 뛰어나다는 것을 말해준다. 기본적으로 은유는 시인의 직관력 또는 상상력에서 비롯되는 것이기 때문이다.

봄날 길가에

새싹들

하나 둘 셋
초록 손가락 펼쳐

누가 먼저 키 크나
가위바위보!
가위바위보!

-「가위바위보」 전문

하늘바다

헤엄치고 싶어

지느러미

꼬리 끝

살짝 치켜들고

비 오기만을 기다리는

비늘 기와지붕.

-「한옥」 전문

 이들 작품은 그와 같은 시인의 능력을 잘 보여주고 있다. 「가위바위보」는 '새싹'을 의인화한 작품으로 봄의 이미지를 매우 역동적으로 그려내고 있다. 이 작품에서 시인은 봄날 길가에 돋아난 새싹들을 보고 직관적으로 "초록 손가락"을 떠올린다. 그런 다음 거기에 상상력을 보태어 새싹들이 "가위바위보"를 하는 장면을 이끌어낸다. 이처럼 이 작품은 하나의 관념이 또 다른 관념을 불러일으키는 연상 작용을 통해 시상을 전개하고 있는데, "새싹"을 "초록 손가락"에 비유한 발상이 참신하면서도 인상적이다. 「한옥」은 우리의 전통 주거양식인 한옥을 물고기에 비유한 작품이다. 원관념인 '한옥'과 보조관념인 '물고기'의 유사성에 차이가 커서 생소하게 느껴질 수도 있지만 마지막 행의 "비늘 기와지붕"이 그와 같은 의문을 충분히 상쇄시키고 있다. "하늘바다"를 향해 금방이라도 솟구칠 것 같은 한옥의 이미지가 선명하게 떠오르는 작품이다.

이 외에도 달고나 굽는 할아버지의 모습을 구경하는 아이들을 "꿀벌"에 비유한 「꿀벌 엉덩이」와 초승달을 밤하늘에 달린 "바나나"에 비유한 「초승달」, 까마귀의 울음소리를 "날개 달린 숲속 자명종"에 비유한 「숲속 자명종」 등도 은유를 기반으로 창작된 작품으로 눈여겨 볼만하다. 이들은 「가위바위보」와 「한옥」처럼 대체로 시행이 짧고 이미지가 명징한 것이 특징이다. 이는 시인이 은유를 통해 불필요한 수식을 모두 걷어내고 꼭 필요한 만큼만 보여주고 있기 때문이다.

버스 문 열리고
한 사람 일어선 자리에

얼른 앉았다.

따스해지는 엉덩이
가슴까지 올라오는 온기

모르는 사람에게
받은 선물

나도 다른 사람에게
줄 선물.

- 「빈자리」 전문

새로 산
고운 꽃무늬 옷
살짝 뒤집으니

축 늘어지고
삐죽 나오고
덕지덕지 얽힌 실밥들

화사한 꽃들을

묵묵히 떠받친

힘든 노동의 뒷자리.

- 「뒷자리」 전문

한편, 이들 작품은 이영애의 또 다른 시적 재능을 엿볼 수 있게 해준다. 앞서 살펴본 직관력과 상상력이 시의 효과를 극대화하는 데 유용한 것은 분명하지만 그것만으로 좋은 작품이 되는 것은 아니다. 종자가 좋아야 튼실한 열매를 얻을 수 있듯이 좋은 작품을 쓰기 위해서는 무엇보다도 글감이 좋아야 한다. 따라서 시인이라면 사물을 꼼꼼히 관찰하고 그 안에서 새로운 의미를 포착해낼 수 있는 능력을 갖추어야 한다. 「빈자리」는 버스 안에서의 소소한 경험을 노래한 작품이다. 앞선 승객이 자리에 남기고 간 "온기"를 "선물"에 비유한 것도 재미있지만, 자신이 받은 만큼 다른 누군가에게 온기를 나누려는 화자의 마음이 따뜻하게 느껴진다. 「뒷자리」는 옷의 안쪽에 "덕지덕지 얽힌 실밥들"을 통해 노동의 가치에 대해 다시금 생각하게 만드는 작품이다. 보이지 않는 곳에서 묵묵히 세상을 떠받치고 있는 노동자들에 대한 화자의 마음 씀씀이가 아름답다. 이처럼 이들 작품은 일상에서 쉽게 접할 수 있는 사건을 형상화해서 진한 감동을 주고 있는데, 이는 시인의 관찰력이 결코 예사롭지 않다는 것을 방증한다.

동물원 호랑이

벌떡 일어서서

왔다갔다왔다갔다

조그만 우리에 갇혀

달리지도 못하고

왔다갔다왔다갔다

사람들에 둘러싸여

왔다갔다 호랑이가 되었다

                              -「왔다갔다 호랑이」전문

새 학년 새 옷 입고 학교 가는 길

자동차 길에 생긴 길웅덩이들

그 위를 달리는 자동차 덜커덩 하는 순간

치익, 내 옷에 묻어버린 흙탕물

으악! 재수 없어 옷을 털고 닦는데

옷에 묻은 흙탕물 내게 말을 하지 예!

길은 원래 흙이야 아스팔트가 아니야

빨리 달리려고 흙길 위에 아스팔트를 입혔지

나는 그 밑에서 숨이 막혀 헉헉헉

해마다 봄이 오면 몸부림을 치지

아스팔트를 뚫어! 뚫어! 여기 펑 저기 펑
길웅덩이 만들어 살아 있는 날 보여 주지
그러나 사람들은 새 아스팔트를 입혀
또 나를 가두지 두텁게 더 두텁게
살고 싶어 실고 싶어 숨 쉬고 싶어싶어 예!예!

- 「길웅덩이 노래」 전문

 이들 작품은 시인의 사상이나 가치관이 어떠한지를 알게 해준다. 두 작품 모두 생태학적 상상력을 바탕으로 하고 있다. 「왔다갔다 호랑이」는 동물원의 호랑이를 통해 인간중심주의를 비판하고 있다. "조그만 우리에 갇혀/달리지도 못하고/왔다갔다왔다갔다"에서처럼 인간의 호기심과 쾌락을 위해 자유를 박탈당한 채 좁은 우리에 갇혀 살아가는 호랑이의 모습이 안타깝게 다가온다. 「길웅덩이 노래」는 흙을 화자로 해서 자연파괴를 일삼는 인간의 행태를 고발하고 있다. 특히 이 작품은 "길은 원래 흙이야 아스팔트가 아니야/빨리 달리려고 흙길 위에 아스팔트를 입혔지/나는 그 밑에서 숨이 막혀 헉헉헉"에서처럼 랩의 형식을 빌려 시를 써내려가고 있는 것이 인상적이다. 비록 결은 조금 다르지만 두 작품 모두 만물평등주의에 입각해 다른 생물들과의 공존을 지향하고 있다. 최근 환경문제가 심각해지고 있음을 고려할 때 이들 작품은 독자들의 생태학적 감수성을 일깨워주는 좋은 본보기가 될 수 있을 것으로 보인다.

이영애의 동시에는 세월호의 문제를 다룬 「못 잊어」, 길고양이의 애환을 담아낸 「길고양이 신호등」, 스마트폰에 중독된 학생들의 현실을 비판한 「스마트폰이 심장을 갖는다면」 등 사회성이 짙은 작품이 많다. 이런 사실은 평소 시인이 사회문제에 관심이 많다는 것을 말해준다. 보통 그와 같은 유형의 작품을 보면 화자의 목소리가 크고 거칠게 마련인데 이영애의 작품은 대체로 목소리가 낮고 차분한 편이다. 그래서 더욱 미덥다.

지금까지 살펴본 것처럼 이영애의 동시는 분위기가 밝고 따뜻하다. 또한 내용과 형식 면에서 크게 흠잡을 만한 점이 보이지 않을 만큼 탄탄한 짜임새를 갖추고 있다. 이는 기본적으로 시인의 재능이 뛰어나기 때문이지만 창작에 임하는 자세가 건실하고 세상을 바라보는 시선이 따뜻하기 때문이다. 실제로 이영애의 동시를 읽다 보면 곧 그가 참 재주가 많은 시인이란 것을 알게 된다. 아무리 작은 사건일지라도 그저 흘려보내지 않는 예리한 관찰력, 정제된 시어와 다양한 기법을 통해 주제를 효과적으로 전달하는 표현력, 여기에 인간과 동식물을 한데 아무르는 넉넉한 사랑과 올곧은 가치관 등 좋은 시를 쓸 수 있는 자질을 두루 갖추고 있다. 그래서인지 그의 동시를 대할 때마다 시 쓰기는 "끈기 있고 인내력 있는 극기로서 치밀한 문장 하나하나를 다듬어서 마침내는 그 눈부신 열망의 세계를 세상에 드러내 놓는 일"(『송수권의 체험적 시론』, 문학사상, 2006)이라는 시인 송수권의 말이 떠오르곤 한다. 그런 점에서 이제껏 두 권의 동시집을 펴낸 까닭에 단정하기 이르지만 이영애는 지금보다 앞으로가 훨씬 더 기대되는 시인인 것만은 분명한 사실이다.

다섯 빛깔의 공감과 위로

– 박혜선 외, 『똑. 똑. 마음입니다』(뜨인돌어린이, 2019)

최근 어떤 특정한 주제를 정해 작품을 창작한 후 이를 출판하는 기획 동시집이 부쩍 늘어나고 있다. 실제로 올해만 해도 동물, 떡, 곤충, 도깨비 등과 관련한 기획 동시집이 이미 선을 보였고 앞으로도 여러 권이 더 출간될 예정이라고 한다. 현재 이들 동시집에 대한 세간의 평가는 상반된다. 즉 이들 동시집이 한국 동시의 지평 및 다양성을 확장하는 데 일조한다는 긍정적인 의견과 지나치게 작위적이고 상업적이라는 부정적인 의견이 있다. 그런데도 이와 같은 기획 동시집의 출간이 당분간 계속될 전망이라는 점에서 한번쯤 이들에 대해 주목해 볼 필요가 있다.

『똑. 똑. 마음입니다』는 한국 동시단에서 현재 왕성하게 활동하고 있는 박혜선·송명원·이묘신·정진아·한상순 시인이 함께 참여해 만든

기획 동시집이다. 〈작가의 말〉에 적혀 있는 것처럼 이 동시집은 내 마음이지만 내 마음대로 안 되는, 날씨처럼 변덕스럽게 바뀌는 내 안의 수많은 감정을 시로 풀어놓았다. '친구랑 싸운 날 읽는 시', '누군가를 좋아할 때 읽는 시', '괜히 눈물이 날 때 읽는 시', '누군가 미워질 때 읽는 시', '부끄러울 때 읽는 시', '내 편이 필요할 때 읽는 시' 등 총 12개의 주제에 관해 다섯 명의 시인이 각각 한 편씩 쓴 시 60편이 수록되어 있다.

축구나 할까?
재미없어

컴퓨터 게임할까?
별로

자전거나 탈까?
시시해

혼자서는 뭘 해도
재미없다

내가 그냥 양보할 걸

성민이랑 괜히 싸웠다

- 송명원, 「두 명뿐인 우리 반」 전문

이 작품은 '친구랑 싸운 날 읽는 시'에 실려 있는 것으로 한 반 학생 수가 달랑 두 명뿐인 시골 학교를 배경으로 하고 있다. 마지막 연인 "내가 그냥 양보할 걸/성민이랑 괜히 싸웠다"에서처럼 이 작품에서 화자는 친구와 싸운 것을 몹시 후회한다. 도시 학교처럼 친구가 여럿이라면 한 친구와 다툰 후 관계가 소원해져도 다른 친구가 놀기라도 할 수 있을 텐데. 하나밖에 없는 반 친구가 싸운 뒤 화자의 심정이 얼마나 복잡할지 충분히 짐작된다. 그래서인지 "혼자서는 뭘 해도/재미없다"는 화자의 고백이 안쓰럽게 다가온다. 그동안 별다른 기교 없이도 감동적인 시를 많이 발표해 온 시인의 작품답게 군더더기 없는 깔끔한 형식과 진한 울림이 돋보이는 작품이다.

다신 안 한다
깨끗이 지운다
큰소리 쳐 놓고도
삭제 버튼 못 눌러
끙끙

내일은 꼭 지운다

다짐해 놓고 내일이면

또 내일

지금까지 쌓은 레벨이 얼만데

아깝고 아까워서 못 지우고

끙끙

버튼 하나 누르면 되는

아주 쉬운 일?

도저히 할 수 없는

아주아주 어려운 일

— 정진아, 「게임 지우기」 전문

요즘 아이들 사이에서 게임은 만국공통어이다. 게임을 할 줄 모르면 다른 친구들과 어울릴 수가 없다. 더욱이 휴대전화를 이용한 모바일 게임이 일반화되면서 이제 게임은 우리가 상상하는 놀이 그 이상이 되어버렸다. 그런 만큼 부작용도 심해서 어느덧 게임중독이 심각한 사회문제로 급부상하고 있다. 이 작품은 "다신 안 한다/깨끗이 지운다/큰소리 쳐 놓고도/삭제 버튼 못 눌러/끙끙"에서처럼 게임중독에 빠진 아이의 모습을 실감 나게 그려내고 있다. 이 작품에 등장하는 화자는 "버튼 하나 누르면 되는/아주 쉬운 일"인데도, 휴대전화에 깔아놓은 게임을 지우지 못해 전전긍긍하고 있다. "지금까지 쌓은 레벨이 얼만데/아깝고 아까워서 못 지우고/끙끙"대는 아이의 모습이 인상적이다. 꼭 아이가 아니라도 한 번쯤 게임에 빠져본 사람이라면 누구나 쉽게 공감할 만한 작품이 아닐까 싶다.

이유 없이
냉장고 문을 열었다 닫았다 하면

뜬금없이
오늘 날씨 춥냐고 물어보면

할 일 없이
왔다 갔다 엄마 앞을 얼쩡거리면
그런 줄 아세요

지금 무지
엄마한테 미안해하고 있는 줄 아세요

— 박혜선, 「그런 줄 아세요」 전문

이 작품도 앞의 작품 못지않게 공감의 폭이 크다. '미안할 때 읽는 시'

에 실려 있는 작품 가운데 하나로 시적 화자가 처한 상황이 한 폭의 그림처럼 눈앞에 생생하게 그려진다. 이 작품에서 화자는 "할 일 없이/왔다 갔다 엄마 앞을 얼쩡거"릴 뿐 쉽게 속내를 드러내지 못한다. 그저 "이유 없이/냉장고 문을 열었다 닫았다" 하거나 "뜬금없이/오늘 날씨 춥냐고 물어"볼 뿐이다. 이는 어른 아이 할 것 없이 뭔가 부끄럽거나 잘못한 일을 했을 때 흔히 볼 수 있는 장면이다. 그냥 무심히 흘려버릴 수 있는 일상 속 사소한 사건을 잘 포착해서 재미있게 형상화하고 있다.

산은
아픔 꾸욱 견디고
터널에게
제 몸을 내주었습니다

터널은 엎드린 채
고마워서 고마워서
산을 등에 업었습니다

- 한상순, 「고마워서」 전문

이 동시집에서 가장 시적인 작품을 꼽는다면 아마도 이 시가 아닐까 생각한다. "산은/아픔 꾸욱 견디고/터널에게/제 몸을 내주었습니다"

에서처럼 이 작품은 산과 터널을 통해 관계의 중요성에 관해 노래하고 있다. 인간은 기본적으로 홀로 살아갈 수 없는 존재이다. 싫든 좋든 타인과 함께 어울려 살아가야 한다. 그 과정에서 때때로 타인과의 갈등으로 마음에 상처를 받기도 한다. 하지만 그럴수록 더욱 지혜를 발휘해서 현명하게 대처할 필요가 있다. 왜냐하면 미움은 더 큰 미움을 낳고 결국엔 모두를 파멸로 이끌기 때문이다. 따라서 성숙한 사회인이 되기 위해선 이 작품에 등장하는 '산'과 '터널'처럼 서로를 존중하고 이해하는 마음을 지녀야 한다. 특히 오늘날처럼 경쟁이 극심한 시대일수록 타인에 대한 배려는 더욱 절실하다. 고통을 감내하고 제 몸을 내어 주는 '산'과 그런 산의 고마움을 잊지 않는 '터널'의 마음이 아름답게 느껴진다.

시험 끝나고 집에 들어서며
혼자 있게 내버려 둬
퉁명스럽게 말해야지

시험 점수 나온 날
살고 싶지 않아
한숨을 푹푹 쉬고 있어야지

시험지 보며

나는 왜 바보 같을까?

내 머리를 콩콩 쥐어박아야지

엄마는 내 눈치 보며

다음엔 잘 봐

이러며 안아 줄 거야

　　　　　　　　- 이묘신, 「선수 치기」 전문

예나 지금이나 시험은 아이들에게 가장 무서운 존재이다. 이는 공부를 잘하는 아이나 못하는 아이나 큰 차이가 없다. 이 작품은 시집의 가장 마지막에 실려 있는 것으로 시험을 망친 아이의 마음을 섬세하게 담아내고 있다. "혼자 있게 내버려 둬/퉁명스럽게 말해야지", "살고 싶지 않아/한숨을 푹푹 쉬고 있어야지" 등에서처럼 화자는 엄마에게 혼날 것을 염려해서 온갖 궁리를 한다. 즉 자신을 학대함으로써 엄마로부터 꾸지람을 받지 않으려고 미리 선수를 치려는 것이다. 참으로 영악하다. 그런데 그 모습이 전혀 밉지 않고 오히려 사랑스럽다. 이쯤 되면 그 어떤 부모라도 눈감아 줄 수밖에 없을 듯하다. 마치 현미경으로 들여다보듯 아이들의 마음을 섬세하게 표현하고 있는 작품이다.

이처럼 이 시집에는 다섯 명의 시인이 각기 다른 시각으로 아이들의 마음을 노래한 작품이 실려 있다. 이미 앞서 살펴본 것처럼 이들 작품은 누구나 한 번쯤 경험해 보았을 만한 사건을 형상화하고 있어 공감이 폭이 크고 재미가 있다. 아이들의 삶과 동떨어진 장면이나 풍경을 관념적으로 그려낸 작품과는 다르다. 물론 기획 동시집인 까닭에 어느 정도 한계가 있는 것은 사실이다. 그런데도 이 시집이 지닌 가치는 작아 보이지 않는다. 작품 한 편 한 편마다 아이들의 마음을 잘 녹여내고 있어 아이들과 소통할 수 있는 가능성이 크다.

반세기 전, 아이들과의 만남
- 신현득 동시집 『아기 눈』(형설출판사, 1961)

『아기 눈』은 신현득의 첫 동시집으로 1961년 대구 형설출판사에서 출간되었다. 책의 크기는 4·6판으로 요즘 출간되는 동시집보다 조금 작고, 작품의 수도 34편으로 많지 않다. 표지와 삽화는 일본 교토시립회화학교를 졸업하고 대구 계성학교에서 미술을 가르치다가 후에 계명대학교 미술대학 교수를 지낸 서양 화가 정점식(1917~2009)이 그렸다.

『아기 눈』의 전체 구성을 살펴보면 다음과 같다. 동시집의 처음에는 당시 새싹회 회장이었던 윤석중이 쓴 〈머리말〉이 놓여 있다. 본문은 '아기 눈', '아들일까? 딸일까?', '이상한 별자리', '별나라의 동무들에게' 총 4개의 장으로 이루어져 있다. 동시집 말미에는 시인이 쓴 〈책 끝에〉가 붙어 있는데 어린 시절에 대한 소회와 책이 나오기까지 애써 준 사람들에게 대한 감사의 말이 담겨 있다.

이처럼 『아기 눈』은 비록 70여 쪽 분량의 얄팍한 동시집이지만 참 인상적이다. 지금으로부터 60년 전에 출간된 까닭에 최근의 동시집과는 많이 다르다. 판형은 물론 편집과 삽화, 인쇄 등 작품 외적 면에서 흥미로운 점이 많다. 특히 한국 전쟁 직후 창작된 작품들로 당시 아이들의 생활상뿐만 아니라 신현득의 초기 작품 세계를 살펴보는 데 도움을 준다.

옥중아 옥중아
너는 커서 뭐 할래?

보리밥 수북이 먹고
꼬추장 수북이 먹고
나무 한짐
쾅당! 해 오지.

― 「옥중이」 전문

이 동시는 시집 맨 앞에 놓인 작품이다. 2연 6행으로 이루어졌으며 "보리밥", "꼬추장", "나무 한짐" 등 당시의 시대상을 짐작할 수 있는 시어들이 여럿 등장한다. 작품 아래에 덧붙이는 말을 통해 작품 속 '옥중이'가 시인의 어릴 때 이름임을 밝히고 있다. "너는 커서 뭐 할래?" "나무 한짐/쾅당! 해 오지."에서처럼 문답법을 통해 시상을 전개해나

반세기 전, 아이들과의 만남 123

가고 있다. 작품에서 구체적으로 언급하고 있지는 않지만 당시 사람들의 궁핍했던 생활상이 어땠는지 어느 정도 짐작하게 해준다. 그러한 상황에서도 전혀 위축되거나 절망하지 않고 씩씩하고 당찬 옥중이의 모습이 감동적으로 다가온다.

빠꼼 빠꼼
문 구멍이
높아간다.

아가 키가
큰다.

- 「문 구멍」 전문

이 동시는 1959년 《조선일보》 신춘문에 가작 입선작이다. 2연 5행의 소품이지만, 감동의 크기는 어떤 작품 못지않다. 창호지 문에 뚫린 구멍과 아기의 성장을 연결해 노래한 점도 참신하지만 음성상징어를 사용해 시적 효과를 높이고 있는 점도 재미있다. 사실 '빠꼼 빠꼼'은 부사어 '빠끔 빠끔'의 비표준어로 작은 구멍이나 틈 따위가 여기저기 매우 깊고 또렷하게 나 있는 모양을 나타내는 말이다. 만일 이 작품에서 "빠꼼"이 아니라 "빠끔"을 사용했더라면 어땠을까. 아마도 그 어감이나 분위기가 지금처럼 맛깔나게 살아나지는 않았을 것이다. 주거 형태가 많이 달라져 오늘날 아이들과는 소통에 다소 어려움이 있겠지만 어른 독자들이라면 충분히 공감할 만한 작품이다.

봄이 오는 도랑에
헌 얼음 조각이,
(동동 떠간다.)*

미나리가 하얗게
발을 씻는다.

- 「봄이 오는 도랑」 전문

*동시집 원문에는 누락되어 있음

『아기 눈』에서 가장 시적인 것을 꼽으라면 단연 이 작품이 아닐까 싶다. 제목에서처럼 이 작품의 배경은 이른 봄날이다. 구체적인 진술 없이 그저 봄이 왔음을 보여주는 상황 묘사만으로 뛰어난 시적 성취를 얻고 있다. 간결한 형식과 섬세한 표현이 돋보이는 작품이다. 특히 2연의 "미나리가 하얗게/발을 씻는다"는 압권이다. "미나리"를 의인화하여 "발을 씻는다"라고 표현한 것도 재미있지만 "동동"과 "하얗게" 같은 시어를 사용해 밝고 순수하고 깨끗한 봄의 이미지를 생동감 있게 표현하고 있다.

반세기 훨씬 이전에 창작되어 오늘날 아이들의 정서와 감각에 맞지 않는 작품도 더러 있지만, 이 동시집에는 "지금도/꽃 이름을/다 외우고 있니?//그때 날던/꽃밭 길을/잊지 않았니?"(「나비 표본」)와 "저 먼 달나라에/지구의 그림자가 덮혀갑니다.//내 그림자도/조그맣게 들어 있지요."(「월식」) 등 시대와 장소를 초월해 깊은 감동과 재미를 주는 작품이 여러 편 실려있다.

『아기 눈』은 2009년 재미마주 출판사에서 복간되었다. 이 책에는 판형과 본문 편집이 초간본과 조금 변형되고, 시인이 쓴 서문 〈다시 태어난 『아기 눈』〉과 원동은이 쓴 해설 〈신현득 시인과 화가 정점식〉이 보태어져 있다. 이들 글은 『아기 눈』을 펴낼 당시의 문단 상황을 비롯해 시인의 습작기, 윤석중과의 관계, 동시집 출간과 관련한 일화, 화가 정점식에 대한 약력 등 다양한 정보를 제공하고 있어 초간본 못지않게 읽는 재미가 크다.

세심한 관찰력과 배려의 미학
- 신이림 동시집 『엉뚱한 집달팽이』(청색종이, 2024)

1.

시는 언어를 선택하고 이를 적절히 배열함으로써 예술적 효과를 기대하는 장르이다. 시인은 자기가 경험한 어떤 사물이나 사건을 주관적 언어로 표현함으로써 독자와 소통을 시도한다. 그 과정에서 사상과 감정을 정확하게 드러내기 위해 오랜 시간 고심해서 언어를 매만진다. 이는 어떤 언어를 선택하고 그것을 어떻게 조합하느냐에 따라 작품의 완성도가 달라지기 때문이다.

시에서 언어는 그저 단순히 의사소통의 매개물이 아니다. 물론 의사소통이 언어의 중요한 기능인 것은 분명하지만 그 이상의 힘을 지니고 있다. 다의어와 유의어 등 언어에는 다양한 의미 현상이 존재한다. 같은 언어를 사용하더라도 그것이 놓인 자리와 상황에 따라 의미와 정서, 분위기가 달라진다. 시인은 그와 같은 언어의 특성을 활용해 새로운 미적 가치를 생성하거나 기존의 관념을 해체하기도 한다.

따라서 언어를 다루는 능력은 곧 시인의 자질과 직결되는 문제라 할 수 있다. 그런 점에서 신이림은 시적 재능이 뛰어난 시인이다. 특히 언어를 갈고 다듬는 솜씨가 예사롭지 않다. 그의 시는 공들여 쌓아 올린 돌담처럼 견고하다. 거기에 자신만의 뚜렷한 철학과 가치관이 더해져 깊은 울림을 준다.

2.
신이림의 시는 하나같이 깨끗하고 말쑥하다. 감정의 과잉 없이 절제된 언어로 담백하게 표현해 마치 잘 그려진 한 폭의 동양화를 보는 것 같다. 이는 그가 기본적으로 시의 본질 즉 여백의 미학을 잘 이해하고 있다는 것을 방증한다. 신이림의 시는 전반적으로 따뜻한 분위기를 자아내는데 이는 사물이나 세상을 바라보는 시인의 심성이 순수하고 착하기 때문이다.

밤사이
도둑이 다녀갔다.

어지러운 발자국
몽땅 훔쳐 갔다.

새하얀 숫눈길만

남겨 놓은 채.

- 「도둑눈」 전문

이 시는 눈 내린 겨울날의 풍경을 노래하고 있다. 3연 6행의 짧은 분량이지만 군더더기 없는 표현과 선명한 이미지가 인상적이다. 제목에서처럼 이 시는 밤사이 몰래 내린 눈을 "도둑"에 빗대어 표현하고 있다. 또한 "새-"와 "숫-" 같은 접두사의 사용과 "어지러운 발자국/몽땅 훔쳐 갔다.//새하얀 숫눈길만/남겨 놓은 채"와 같은 문장 구조의 뒤바꿈을 통해 눈 내린 겨울날의 아침 풍경을 묘사하고 있다. 직접적인 감정의 표출 없이도 화자의 마음이 고스란히 느껴진다.

나무가 꽃받침에

꽃봉오리 솥을 내걸었다.

봄볕은 모락모락

불을 지피고

봄바람은 살랑살랑

부채질하고

어느새 뜸이 든
향긋한 밥.

배고픈 벌과 나비
여기저기서 찾아든다.

  －「무료급식」 전문

시인은 시적 상황을 통해 자신의 사상과 정서를 표현한다. 이 시는 그 대표적인 예로 어느 봄날 시인이 목격한 장면을 형상화하고 있다. 이 시에서 주목해야 할 것은 "나무"이다. "나무가 꽃받침에/꽃봉오리 솥을 내걸었다.""배고픈 벌과 나비/여기저기서 찾아든다."에서처럼 나무는 단순히 자연물이 아니다. 배고픈 벌과 나비를 위해 자신의 몸을 아낌없이 내어주는 존재이다. 즉 희생과 나눔의 상징으로 그려진다. 이는 신이림 시가 전반적으로 따뜻하게 느껴지는 까닭이 어디에서 비롯되는지 알게 해준다.

3.
신이림의 시에는 자연을 노래한 작품이 많다. 거미와 달팽이, 쑥부쟁이와 질경이 등 작고 소소한 생명체들이 자주 등장한다. 이는 자연에 대한 시인의 관심과 애정이 남다르며 관찰력이 뛰어나다는 것을 말해준다. 그 때문인지 신이림의 시는 애초 관념과는 거리가 있다. 시적 상황이 구체적이고 생동감 넘친다. 그의 시에 등장하는 사물들은 단순히 배경으로만 그치지 않고 곧잘 어떤 대상에 대한 은유나 상징으로 사용되기도 한다.

소나기 오는 날
우리 집 마당에서는
수백 마리도 넘는 물개구리들이

팔딱펄떡팔딱펄떡 뜀뛰기를 한다.
타닥타닥타닥타닥 달리기도 한다.
풀쩍풀쩍 높이뛰기도 한다.

선수들은 운동장 가득인데
구경꾼은 나와 백구
딱 둘 뿐.

― 「빗방울 운동회」 전문

이 시는 집 마당에 떨어지는 빗방울을 묘사하고 있다. "수백 마리도 넘는 물개구리들"에서처럼 이 시의 출발은 마당에 떨어지는 빗방울이 마치 "개구리"가 뛰어오르는 모습과 닮았다는 생각에서 비롯된다. 이는 연상작용을 통해 다음의 "팔딱펄떡팔딱펄떡 뜀뛰기" "타닥타닥타닥 타닥 달리기" "풀쩍풀쩍 높이뛰기"로 자연스럽게 이어진다. 다양한 의태어를 사용해 빗방울의 모습을 생생하게 담아내고 있다. 이는 실제로 경험하지 않고는 쓸 수 없는 것으로 신이림의 세심한 관찰력이 어느 정도인지를 보여준다.

나무젓가락을
둘로 쪼개면

뚝!

나뭇가지 부러지는
소리가 난다.

그 소리의 울림을
따라가면

쿵!

한 그루 나무
쓰러지는 소리가

들린다.

— 「나무젓가락」 전문

그런가 하면 이 시는 신이림의 자연관이 어떤지를 짐작할 수 있게 해 준다. 우리가 흔히 사용하는 나무젓가락을 소재로 오늘날 전 지구적 관심사인 생태 문제를 담아내고 있다. 이 시는 의성어를 중요한 시적 장치로 활용하고 있는데 이들이 놓인 자리가 예사롭지 않다. 시인은 "똑!"과 "쿵!"을 의도적으로 점층식 구조 즉 의미가 작은 소리에서 큰 소리 순으로 배열하고 있다. 이는 결과적으로 시적 효과를 높이는 데 한몫하고 있다. 목적성이 강하면 으레 목소리가 두드러지게 나타나기 마련인데 이 시는 그러한 문제점을 잘 극복하고 있다.

4.
시는 함축과 리듬, 이미지 같은 다양한 요소들로 이루어진다. 따라서 같은 소재라도 시인이 그것을 어떻게 인식하고 표현하느냐에 따라 작품의 수준과 감동의 크기가 달라진다. 그 때문에 시인은 내용이나 형식에 있어 작품의 완결성을 높이기 위해 애를 쓰는데 그러한 노력은 작품을 통해 독자에게 전달된다. 이는 신이림의 경우도 예외가 아니다. 실제로 그의 시를 읽다 보면 그가 얼마나 진정성 있는 자세로 창작에 임하고 있는지를 알 수 있다.

겨우겨우 찾은
네잎클로버

벌레가 잎을
반이나 갉아 먹었다.

에이, 속상해.
하다가

아니지,
벌레가 행운을 반이나 남겨두었네.

생각 하나 살짝 바꾸니
고마워지는 벌레.

- 「반반」 전문

이 시는 행운을 의미하는 네잎클로버를 소재로 하고 있다. 이 시에서 화자는 어렵게 네잎클로버를 발견하지만 "벌레가 잎을/반이나 갉아 먹"은 것을 알고는 속상해한다. 그러다가 "아니지,/벌레가 행운을 반이나 남겨두었네." 하고 생각을 바꾼다. 그러자 조금 전까지 밉게만 느껴졌던 벌레가 새삼 고맙게 느껴진다. 이처럼 이 시는 사고의 전환을 통해 화자가 깨달은 바를 형상화하고 있는데 공감되는 바가 크다. 사실 네잎클로버는 시에서 단골로 등장하는 탓에 소재 면에서 새로울 게 없다. 그런데도 이 시가 특별하게 느껴지는 것은 시인이 지닌 철학적 깊이 때문이다.

    물
   고 기
 두 마 리
    시
 간 이 살
 은 다 발
 라 먹 고
  뼈 만
    남
  겨놓았
다, 바 위 에.

― 「화석」 전문

제목에서처럼 이 시는 화석을 노래한 것으로 형식이 독특하다. 바위에 새겨진 물고기 형상을 본떠 시행을 배열함으로써 또 다른 재미를 준다. 이런 유형의 작품들은 종종 지나치게 형식미에만 치우쳐 시의 품격을 떨어뜨리기도 한다. 하지만 이 시는 내용과 형식의 적절한 조화로 그와 같은 우려를 해소하고 있다. 이 외에도 이 시집에는「돌탑」과「인터뷰」등 시적 효과를 위해 의도적으로 형식의 변화를 주고 있는 작품이 몇 편 더 실려있다. 이는 신이림이 현실에 안주하지 않고 부단히 자신만의 시 세계를 창조하기 위해 노력하고 있다는 것을 알려준다.

5.
누구나 시를 쓸 수는 있지만 그렇다고 누구나 좋은 시를 쓸 수 있는 것은 아니다. 기본적으로 좋은 시는 발상과 표현이 새롭다. 또한 삶에 대한 깊은 통찰과 세계에 대한 폭넓은 이해를 보여준다. 앞서 살펴본 것처럼 신이림의 시는 좋은 시가 갖추어야 할 조건을 두루 충족하고 있다. 더욱이 그의 시는 "염소는/뒤에서 고삐를 잡아주면/길을 잘도 찾아간다.//울 엄마는/아직도 모른다,/내가 염소라는 걸."(「언제쯤 알까」)처럼 아이부터 어른까지 공감할 수 있는 내용이 많다.

흔히 시는 언어를 통해 시인의 내면세계와 존재 의미를 드러내는 하나의 도구라고 말한다. 시를 읽는 행위는 곧 독자가 그와 같은 시인의 사상이나 감정을 공유함으로써 세상을 이해하고 자신의 존재 의미를 탐색하는 과정이라고 할 수 있다. 이처럼 시는 일상어와 달리 정보 전달을 넘어서는 어떤 힘을 지니고 있는데 이것이 우리가 시를 읽는 가장 큰 이유이다.

"우리 동네 분수대에는/밥 주는 동전이 산다.//소원 하나씩 품에 안고/물속에 잠들었다가//연말이면 물에서 깨어나/배고픈 사람들을 찾아간다.//따끈한 밥이 되어/따끈한 국이 되어."(「소원분수대」)는 4부에 수록된 작품으로 신이림이 지향하는 세계가 어떠한지를 보여준다. 이 시에 등장하는 동전처럼 이 시집은 따끈따끈한 한 그릇의 "밥"과 "국"이 되어 마음을 훈훈하고 넉넉하게 만들어준다.

동시(童詩)의 저울
– 임창아 동시집 『담과 담쟁이와 고양이』(고래책빵, 2020)

  시를 읽고 평가하는 것이 직업이다 보니 평소 시를 많이 읽는 편이다. 그런데 이처럼 시를 자주 접하다 보면 때때로 시를 읽는 것이 마치 음식을 먹는 것과 같다고 느낄 때가 있다. 아무리 맛있는 음식이라도 끼니마다 반복해서 먹으면 곧 질리기 마련이다. 그때마다 새로운 음식을 찾게 된다.
  시 읽기도 이와 다르지 않다. 이 세상에 똑같은 소재와 내용, 형식으로 이루어진 시는 없지만 서로 닮은 시는 많다. 이런 사실은 다른 사람과 구별되는 자신만의 시를 창작하는 일이 얼마나 어려운 것인지를 말해준다. 그래서인지 자신만의 독특한 개성을 지닌 시인을 만나면 반갑다.
  임창아 시인이 바로 그런 사람이다. 『싱그러운 풀밭으로 징그러운 뱀이』는 그의 첫 동시집이다. 그동안 어른들이 읽는 시를 주로 써온 탓에 동시집은 처음이지만 그의 시는 재미가 있다. 시를 짓는 데 꼭 필요한 소재를 발견하는 것도, 아이들의 삶과 심리를 꿰뚫어 보는 능력도 뛰어나다.

지금 스트레스행 열차가 들어오고 있습니다
시험을 앞둔 어린이께서는 점수로부터 한 발짝 물러나 주시기 바랍니다
학원문이 열리고 닫힐 때 무리하게 타지 마십시오

moon을 닫습니다
눈꺼풀이 닫힙니다

― 「지하철」 전문

월요일 잠

화요일 계속 잠

수요일 비몽사몽 잠

목요일 밤낮 없이 잠

금요일 먹지도 않고 잠

토요일 오줌도 안 싸고 잠

즐거운 겨울방학 위해 일요일도 없이 열심히 잠

- 「뱀의 겨울방학」 전문

두 편 모두 오늘날 우리 아이들의 삶을 잘 담아내고 있다. 「지하철」은 "시험을 앞둔 어린이께서는"에서처럼 공부에 지친 아이들의 모습을 지하철에 빗대어 노래하고 있다. 1연의 "스트레스행 열차"와 같은 표현도 참신하지만 마지막 연의 "moon을 닫습니다/눈꺼풀이 닫힙니다"와 같은 표현도 인상적이다. 「뱀의 겨울방학」은 동면 즉 겨울잠을 자는 뱀을 노래한 것이다. "월요일 잠/화요일 계속 잠/수요일 비몽사몽 잠"에서처럼 일주일 내내 잠만 자는 뱀의 모습을 재밌게 표현하고 있다. 실제로는 동면하는 뱀의 모습을 그린 것이지만 '뱀'의 자리에 대신 '아이들'을 넣어도 의미에는 크게 차이가 없다. 이처럼 이들은 지하철과 겨울잠 같은 사물이나 현상을 끌어와 아이들의 모습을 재밌게 담아내고 있다.

사실 어른인 시인이 아이들을 위해 시를 쓰는 것은 쉽지 않다. 누구나 어린이를 거쳐 비로소 어른이 된다. 하지만 그 과정에서 많은 일을 겪으면서 어릴 적의 맑고 순수했던 마음을 상당 부분 잃어버린다. 그 때문에 누구나 시를 쓸 수는 있지만 아이들이 공감할 만한 좋은 시는 누구나 쓸 수 있는 것이 아니다.

어떤 비행기가

활주로에 착륙하지 못하고

하늘만 뱅뱅 돈다

관제탑에서는
아, 아,
착륙하라! 착륙하라! 착륙하라!

비행기도 착륙하고 싶지만
기상 상황 나빠
그러는 건데

무조건 착륙하라고만 하니
공중에서 뱅뱅 맴돌 수밖에

-「비행청소년」 전문

「비행청소년」은 말놀이를 통해 청소년의 심리를 노래한 것으로 시인이 아이들의 마음을 얼마나 잘 이해하고 있는지를 알려준다. 이 시는 비행기 따위가 공중으로 날아가거나 날아다님을 뜻하는 '비행(飛行)'과 잘못되거나 그릇된 행위를 뜻하는 '비행(非行)' 즉 동음이의어를 활용해 자신들의 마음을 몰라주는 어른들을 비판하고 있다. "비행기도 착륙하고 싶지만/기상 상황 나빠/그러는 건데/무조건 착륙하라고만 하니/공중에서 뱅뱅 맴돌 수밖에"와 같은 화자의 진술에는 어른들에 대한 원망이 잘 나타나 있다. 다 그럴 만한 사정이 있어서 그런 건데 무턱대고 윽박부터 내지르는 어른들. 한 번쯤 이와 비슷한 일을 겪은 어린이라면 많은 공감을 불러일으킬 만하다.

노란 색깔 가지고 싶어

체험학습 신청서 내고

꼬불꼬불
까불까불

먼 태양에게 다녀왔어

- 「민들레」 전문

동시가 아이들이 주로 읽는 시인 만큼 아이들의 생활과 마음을 잘 알아야 좋은 시를 쓸 수 있다. 하지만 그것만으로는 좋은 시가 될 수 없다. 좋은 시를 쓰기 위해서는 남다른 관찰력과 상상력이 가지고 있어야 한다. 어떤 사물에서 남들이 미처 보지 못하는 것을 찾아내는 날카로운 눈과 자신이 경험하지 않은 현상이나 사물을 머릿속으로 그려보는 뛰어난 능력을 갖추어야 한다. 「민들레」는 민들레꽃을 의인화해서 쓴 시이다. 화자인 민들레는 "노란 색깔 가지고 싶어"서 체험학습 신청서 내고는 "먼 태양에게 다녀왔어"라고 말한다. 평소 노란색의 민들레를 관찰하며 품었던 생각을 활달한 동화적 상상력을 통해 풀어내고 있다. 어린이다운 발상과 상상력이 인상적이다.

방귀 뽕뽕 뀌며
비행기
높이 날아오르더니

하나, 둘, 셋, 넷……

하늘에다 똥을 싼다

아무 일 없는 듯
똥 싸 놓고
쌩 달아난다

― 「낙하훈련」 전문

좋은 시를 쓰려면 자신이 느끼거나 생각한 것을 효과적으로 전달하는 방법에 대해서도 잘 알고 있어야 한다. 같은 내용이라도 시인이 그것을 어떤 방식으로 표현하느냐에 따라 의미와 분위기가 달라진다. 「낙하훈련」은 제목처럼 비행기에서 사람들이 낙하산을 타고 내려오는 모습을 묘사하고 있다. 그런데 "하나, 둘, 셋, 넷……//하늘에다 똥을 싼다"에서처럼 이 시에서 화자는 그와 같은 낙하 장면을 비행기가 똥을 싸는 것에 빗대고 있다. 이처럼 전혀 다른 두 사물이나 현상을 그와 비슷한 다른 사물이나 현상에 빗대어 표현하면 의미가 더욱 풍성해지고, 대상에 대한 새로운 이미지를 만들어내는 효과가 있다. 이는 시를 창작하는 데 있어 표현법이 얼마나 중요한지를 보여준다.

물은 바가지를 꼭 껴안고
바가지는 물을 꼭 껴안고

추위를 견디다 잠들었나 봐요

- 「꽁꽁」 전문

셋이면 싸운다는 말은 오해야

'담은 내가 접수한다' 통보 없이
담쟁이가 일방적이어도
담은 담담하게 받아들여

피 터지게 싸워 담판 짓지 않아도
개선장군처럼 고양이는 폼 잡고 담을 넘어

바보라서 담이 가만히 있는 거 아니야
담쟁이와 고양이가 없다면
심심하고 외로우니까
봐 주는 거야

책에서 배운 대로
더불어 사는 것을 실천하는 중이야

봐봐
혼자 노니까
보름달은 저리 외로운 거야

-「담과 담쟁이와 고양이」 전문

이들 시는 또 다른 측면에서 읽는 즐거움을 준다. 몸에 좋은 약은 입에 쓰듯이 좋은 시를 우리를 불편하게 만든다. 즉 우리는 올바르게 살고 있는지, 우리에게 부족한 것은 없는지 끊임없이 되돌아보게 한다. 이런 성찰의 힘은 우리의 영혼을 더욱 건강하고 단단하게 해준다.「꽁꽁」은 한겨울 추위에 꽁꽁 얼어버린 물과 바가지의 모습을 형상화한 것이다. "물은 바가지를 꼭 껴안고/바가지는 물을 꼭 껴안고"에서처럼 추위를 견디기 위해 서로 꼭 껴안고 잠든 물과 바가지의 모습을 통해 연대의 중요성을 강조하고 있다. 이는 「담과 담쟁이와 고양이」도 마찬가지이다. 이 시는 담과 담쟁이와 고양이를 통해 더불어 사는 삶의 미덕을 노래하고 있다. "바보라서 담이 가만히 있는 것 아니야/담쟁이와 고양이가 없다면/심심하고 외로우니까/봐 주는 거야"라는 화자의 진술이 의미심장하게 다가온다. 우리 모두 사회적 존재로서 절대로 혼자서는 살아갈 수 없다는 점에서 다시금 우리의 모습을 돌아보게 만든다.

지금까지 살펴본 것처럼 임창아 시인의 『싱그러운 풀밭으로 징그러운 뱀이』에는 읽을거리가 풍성하다. 첫 동시집임에도 임창아 시인은 그 누구보다 아이들의 마음을 잘 이해하고 어떤 사물이나 현상 속에 감추어진 의미를 잘 읽어내고 있다. 상상력이 활달하고 자기 생각을 효과적으로 전달하는 능력도 뛰어나다. 게다가 삶의 지혜까지 두루 갖추고 있다.

이 저울 사용하면

지구와 티끌 무게가 같고
코끼리방귀랑 비둘기하품 무게가 같고
염소구름과 빗방울 무게가 같지

그러나

이 저울 사용하려면

코끼리 말 알아들을 귀와

비둘기 타고 하느님 보러 갈 배짱과

구름을 운전할 면허증과

빗방울 모조리 모을 긴긴 팔이 있어야 해

- 「동시(童詩) 저울」 전문

임창아 시인의 시를 읽다 보면 즐겁다. 시적 재미는 물론 깊은 감동까지 선사해 주기 때문이다. 「동시(童詩) 저울」은 일종의 시 창작법으로 평소 임창아 시인이 동시를 어떻게 대하고 있는지를 알려준다. 그는 이 시에서 동시의 저울을 사용하면 "지구와 티끌 무게가 같고/코끼리방귀랑 비둘기하품 무게가 같고/염소구름과 빗방울 무게가 같"다고 말한다. 또한, 동시의 저울을 사용하려면 "코끼리 말 알아들을 귀"를 비롯해 "빗방울 모조리 모을 긴긴 팔이 있어야" 한다고 말한다. 이런 사실은 그가 동시를 어떻게 생각하고 있고 어떤 마음으로 동시를 창작하고 있는지를 알게 해준다.

그런데 사실 그와 같이 코끼리의 말을 알아들 수 있는 귀와 비둘기를 타고 하느님을 보러 갈 배짱, 구름을 운전할 수 있는 면허증과 빗방울을 모조리 모을 수 있는 긴긴 팔은 아무나 가질 수 있는 것이 아니다. 기본적으로 동심이 마음의 바탕을 이루고 있어야 하고 부단한 노력으로 자신의 재능을 일깨우지 않으면 불가능하다. 그것이 바로 다른 시인과 구별되는 임창아 시인만의 매력이다.

한층 더 깊어진 시심과 사유의 힘
− 곽해룡 동시집 『말랑말랑한 말』(상상, 2020)

1.

2000년대 한국 동시단에서 가장 주목받은 시인을 꼽는다면 바로 곽해룡이 아닐까 싶다. 그는 등단 초기부터 기존의 통념을 깨뜨리는 파격적인 소재와 참신한 발상, 새로운 언어 감각으로 수준 높은 작품을 잇달아 선보여 오랫동안 침체기를 벗어나지 못하고 있던 동시단에 새로운 활력을 불어넣었다. 그 결과 푸른문학상, 김장생문학상, 전태일문학상 등 굵직한 상을 여럿 수상했으며, 동료 시인은 물론 독자로부터 많은 관심을 받았다.

시인 곽해룡은 2007년 제15회 눈높이아동문학대전에 동시가 당선되어 본격적으로 작품 활동을 시작했다. 이후 첫 동시집이자 대표 동시집인 『맛의 거리』를 포함해 그동안 네 권의 동시집을 펴냈다. 이미 여러 평자가 지적했듯이 그의 동시는 모성적 상상력을 바탕으로 창작되어 대체로 분위기가 밝고 따뜻한 것이 특징이다. 또한 일상 속 낯익은 사물이나 현상을 새롭게 해석하는 능력이 뛰어나서 읽는 재미가 쏠쏠하다.

이번에 나온 『말랑말랑한 말』은 곽해룡의 다섯 번째 동시집으로 그와 같은 특징을 계승하면서도 이전과 다른 모습을 띠고 있다. 시와 동시의 경계를 넘나드는 듯한 그의 동시는 자연물을 비롯해 작고 힘없는 존재들에 대한 애정을 보여주는 작품이 주를 이룬다. 이 동시집은 그러한 기존의 특징을 답습하면서도 한층 더 깊고 풍부해진 감성으로 또 다른 재미와 감동을 준다.

2.
시는 어떤 대상에 대한 시인의 정서나 사상을 운율을 지닌 함축적 언어로 표현한 것이다. 따라서 비록 같은 소재라 하더라도 시인이 그것을 어떻게 인식하고 어떻게 표현하느냐에 따라 작품의 내용과 형식이 크게 달라진다. 그런 점에서 시는 곧 시인의 체험과 가치관이 빚어낸 하나의 결과물이라고 말할 수 있다.

이 동시집에는 총 48편의 작품이 실려있는데 그 가운데 '강아지풀', '고드름', '아기 제비', '개구리', '검은등뻐꾸기와 매미', '강자갈', '씨감자' 등 자연물을 제목으로 달고 있는 작품이 거의 절반을 차지한다. 이것은 시인의 정서가 그만큼 자연 친화적이라는 사실을 말해준다. 아마도 자연 속에서 어린 시절을 보낸 시인의 경험과 밀접한 관련이 있어 보인다.

> 참새가 놀랄까 봐
>
> 몸은 숨기고
>
> 가려운 꼬리 흔들어대는
>
> 가을 강아지
>
> 쪼로롱
>
> 참새 떼 날아와
>
> 콕콕
>
> 개벼룩을 잡아주네
>
> ―「강아지풀」 전문

동시집 첫머리를 장식하고 있는 이 작품은 강아지풀을 노래하고 있다. 강아지풀은 들판이나 길가 어디서나 볼 수 있는 친숙함과 독특한 생김새로 시의 소재로 자주 활용되고 있다. 그 때문에 시의 소재로 삼기에는 상당한 위험이 뒤따른다. 그런데도 이 작품은 새로운 관점에서 강아지풀을 바라봄으로써 그러한 우려를 말끔히 씻어내고 있다. 이 작품에서 특히 인상적인 것은 "참새 떼 날아와/콕콕/개벼룩을 잡아주네"에서처럼 시인이 강아지풀의 씨앗을 "개벼룩"에 빗대어 표현한 점이다. "참새가 놀랄까 봐" 몸을 숨기고 가려운 꼬리를 흔드는 강아지풀과 그런 강아지풀을 향해 날아와 꼬리에 달라붙어 있는 "개벼룩을 잡아주"는 참새 떼. 서로를 배려하는 그 둘의 마음 씀씀이가 무척 따뜻하다.

귤은
손을 가진 인간이 세상에 올 것을
미리 알았을까

혼자 베어 먹지 말고
하나씩 떼어서 나눠 먹으라고
제 몸을 조각조각 갈라놓았네

-「귤」 전문

그 점은 이 작품도 마찬가지이다. "혼자 베어 먹지 말고/하나씩 떼어서 나눠 먹으라고/제 몸을 조각조각 갈라놓았네"에서처럼 이 작품은 귤이 지닌 특성을 활용해 나눔의 미학을 노래하고 있다. 그런데 사실 이와 같은 발상은 내용과 형식에서 차이가 있을 뿐 이미 다른 시인들의 작품에서도 여러 차례 반복된 것이어서 새삼스러울 게 없다. 오히려 이 작품의 진짜 미덕은 다른 곳에 있다. "귤은/손을 가진 인간이 세상에 올 것을/미리 알았을까"에서처럼 시인은 '인간'이 아니라 '귤'

에 초점을 맞추어 사유를 펼쳐나가고 있다. 즉 인간중심주의 세계관에 기반한 기존의 사고체계에 전복을 시도함으로써 생경하면서도 신선한 느낌을 불러일으킨다.

이처럼 자연물을 노래한 곽해룡의 동시는 관찰력과 상상력이 뛰어나다. 사물을 이해하고 해석하는 능력도 남다르다. 여기에 천성적으로 착한 그의 심성이 결합해 더욱 따뜻한 분위기를 연출하고 있다. '고드름'은 "겨울 추위가/집으로 들어오지/못"(「고드름」)하도록 막는 수문장으로, '함박눈'은 "새벽길 나서는 모든 발걸음을 위해" 깔아놓은 양탄자로, '민들레'는 "어린이 보호구역 알리는" 노란 신호등으로 등장한다. 차갑고 날카로운 이미지를 지닌 고드름조차도 그의 시선이 닿으면 선한 존재로 탈바꿈한다.

3.

곽해룡의 동시를 읽다 보면 그가 참 맑고 선한 사람이라는 생각이 든다. 황동규의 시 「산당화의 추억」에 나오는 "추억은 인간을 사람으로 만든다"라는 문장을 떠올리곤 한다. 아마도 어린 시절 자연에서의 경험과 그것을 통해 체득한 삶의 철학이 오늘날의 그를 만든 결정적인 요인이 아니었을까 생각된다. 특히 유년기의 기억은 삶에 대한 인식이나 태도에 상당한 영향을 미치기도 하는데 이 동시집에는 그것을 뒷받침하는 작품이 여러 편 등장한다.

강바닥에 사는 자갈들은

모난 데 없이 만질만질하다

서로에게 상처 주지 않으려고

뾰족뾰족 세웠던 날을

다 버렸다

  －「강자갈」 전문

말랑말랑한 갯벌을

폭폭 빠지며 걷다가

발자국 보며 되돌아오는데

내 발에 밟혔다가

몸 추스르는 게 한 마리

다친 곳 하나 없이 무사하다

발뒤꿈치처럼 딱딱한 친구의 말에

납작하게 눌렸다가도

내 마음 다시 추스를 수 있었던 건

말랑말랑한 친구들의 말들이

갯벌처럼 나를

감싸주었기 때문일 것이다

　　　　　　　　　－「말랑말랑한 말」 전문

이들 작품은 '강'과 '바다'라는 특정한 공간을 배경으로 하고 있다. 내륙 최남단에 자리한 해남이 고향인 시인에게 어릴 적부터 물은 친숙하고도 특별한 존재였을 것이다. 물은 모든 것을 파괴 혹은 해체하는 성질을 지녔지만 그 특유의 성질로 딱딱하고 모난 것을 부드럽고 둥글게 만들기도 한다. 「강자갈」에서 화자는 강자갈이 "모난 데 없이 만질만질"한 모습을 하게 된 것은 "서로에게 상처 주지 않으려고/뾰족뾰족 세웠던 날을" 버렸기 때문이라고 말한다. 또한 「말랑말랑한 말」에서 화자는 "발뒤꿈치처럼 딱딱한 친구의 말에/납작하게 눌렸다가도" 다시 마음을 추스를 수 있었던 것은 "말랑말랑한 친구들의 말들이" 갯벌처럼 자신을 감싸주었기 때문이라고 생각한다. 이처럼 이들 작품은 강자갈과 갯벌이 지닌 성질을 이용해 화해와 포용, 말의 중요성에 대해 노래하고 있다. 이는 '강'과 '바다' 같은 공간에서의 어릴 적 시인의 체험과 무관해 보이지 않는다.

길을 가다 아기가 멈춰서면
개미나 지렁이가 기어가고

길을 가다 어른이 멈춰서면

동전이 떨어져 있고

- 「아기와 어른」 전문

곽해룡의 동시에서 자연과 문명은 곧잘 상반된 모습으로 나타난다. 자연은 "칼을 대어도 닿지 않도록/몸 안으로 깊숙이 당겨진 곳에서/싹이 나온다"(「씨감자」)에서처럼 비폭력적이고 강인한 생명력을 지닌 공간이지만, 도시는 "서로가 서로를 놓지 않으려고/바동거리는"(「전철에서」) 다소 삭막하고 위태로운 공간으로 묘사된다. 그리고 때때로 그와 같은 '자연'과 '문명'의 대립은 '아이'와 '어른'으로 그 모습이 바뀌어 나타나기도 한다. 「아기와 어른」은 그 대표적인 작품으로 1연과 2연이 대구를 이루고 있다. 즉 1연의 '아기'와 '개미나 지렁이' 2연의 '어른'과 '동전'을 각각 대립 쌍으로 하여 자연과 문명의 차이를 극대화하는 방식을 사용하고 있다.

4.
수사법의 일종인 대구법은 시인 곽해룡이 즐겨 사용하는 시작법 가운데 하나이다. 대구법은 어조나 어세가 비슷한 어구를 짝지어 문장에 변화를 줌으로써 문장이 단조롭고 지루하게 느껴지지 않도록 만들어 준다. 이러한 기법은 첫 번째 동시집인 『맛의 거리』에서는 좀처럼 나타나지 않다가 두 번째 시집인 『입술 우표』 이후에 두드러지게 발견된다.

이번 동시집에도 대구법을 활용해 창작된 작품이 여러 편 실려있다.

무지 큰 개인가 보다

꼬리만으로

하늘과 땅을 채웠으니

몸은 또 얼마나 클까

무지 예쁜 개인가 보다

꼬리만

일곱 색깔이니

몸은 또 얼마나 예쁠까

- 「무지개」 전문

이 작품은 무지개를 노래한 것으로 총 2연 8행으로 구성되어 있다. 1연의 "무지 큰 개인가 보다"와 2연의 "무지 예쁜 개인가 보다"에서처럼 이 작품은 각각의 연과 행이 서로 짝을 이루어 시적 대상인 무지개에 대한 화자의 정서를 효과적으로 그려내고 있다. 또 하나 이 작품에서 눈여겨볼 것은 "무지 큰 개"와 "무지 예쁜 개"에서처럼 일종의 언어유희라 할 수 있는 글자 쪼개기를 통해 재미를 배가하고 있는 점이다. 대구법과 언어유희를 이용해 시적 효과를 극대화하고 있는 좋은 예라고 할 수 있다. 이 외에도 「모자」, 「개구리」, 「시골길」, 「벌과 파리」, 「아기와 어른」이 모두 대구법으로 창작된 작품이다.

또한, 곽해룡은 그동안 꾸준히 사회적 약자를 대변해 왔는데 이는 이번 동시집도 예외가 아니다. 이는 어린 나이에 서울에 올라와서 식당 종업원으로, 신문 배달원으로, 공장 노동자로 살아온 그의 이력과 무관하지 않을 것이다. 그런 점에서 그의 작품에 유독 작고 힘없는 존재들이 많이 등장하고 그들에 대한 시인의 관심과 애정이 지극히 느껴지는 것은 당연한 일이라는 생각이 든다. 보통 사회성이 짙은 목소리를 담을 때에는 문학성이 훼손되는 것을 막기 위해 직설적인 화법보다는 풍자와 같이 우회적인 방법을 사용한다.

사람들은 우리가
쑥쑥 크길 원하지

속이야 차든 말든
겉만
반듯하게 자라길 원하지

- 「대나무」 전문

난
한 번 떠난 길
되돌아오지 않아

땅 한 평

나무 한 그루

갖지 않았으니까

고삐에 메이지 않았으니까

－「달팽이 2」 전문

이들은 모두 현대인의 그릇된 모습을 비판하고 있다. 「대나무」는 "속이야 차든 말든/겉만/반듯하게 자라길 원하지"에서처럼 대나무를 화자로 내세워 외모지상주의에 매몰된 오늘날의 세태를 슬그머니 꼬집고 있다. 「달팽이 2」는 "땅 한 평/나무 한 그루/갖지 않았으니까"에서처럼 달팽이를 화자로 내세워 물질만능주의에 물들어 소중한 삶의 가치를 잃어버린 인간들을 에둘러 비판하고 있다. 두 작품 모두 자연물을 화자로 내세워 인간의 어리석은 모습을 비웃고 조롱한다는 점에서 이들 작품 역시 큰 틀에서는 이미 앞에서 살펴본 것과 같이 자연과 문명 그 둘 사이의 차이를 극대화하는 방식을 그대로 따르고 있다는 것을 알 수 있다.

5.

예술은 평범함을 거부한다. 이는 장르 불문하고 모든 예술에 통용되는 일종의 불문율이다. 따라서 남들과 다른 자신만의 독창적인 세계를 만들어내기 위해 분투하는 것은 예술가들에게는 피할 수 없는 숙명과도 같은 것이다. 이것은 동시를 쓰는 시인에게도 똑같이 적용된다. 그러나 안타까운 현실이지만 우리 동시단에 그와 같은 시 정신을 가지고 작품을 창작하는 시인이 얼마나 있을지 의문이다.

그런 의미에서 우리 동시단에서 시인 곽해룡이 차지하는 존재감은 가볍지 않다. 앞서 살펴본 것처럼 이번에 펴낸 『말랑말랑한 말』은 이전에 곽해룡 동시가 지녔던 시적 특징을 유지하면서도 그와는 또 다른 재미를 느끼게 해준다. 즉 그만의 전매특허와도 같았던 낯익은 일상 속 사물이나 현상을 새롭게 해석하는 능력도 그대로이고, 자연 친화적인 정서를 바탕으로 삶의 소중한 가치를 일깨워주는 솜씨도 변함이 없다.

이번 동시집에 실린 작품은 이전보다 시행이 짧아진 모습이다. 또한 세상을 바라보는 시선이 더욱 따뜻해진 느낌이다. 이는 시인의 시심과 사유의 힘이 그만큼 깊어졌다는 것을 말해준다. 그래서인지 「고추장아찌」에 나오는 "된장 속에 박혔다 나온 고추"처럼 잘 숙성되어 더욱 맛깔스러워진 느낌이다.

생태적 상상력과 동화시의 가능성
– 천선옥 동시집 『우주꽃의 비밀』(걸음, 2021)

1.

같은 한 권의 시집이라도 사람들이 느끼는 무게감은 저마다 다르다. 특히 시인에게 시집이란 단순히 물리적인 차원을 넘어서는 그 이상의 존재이다. 독자에게는 고작 한두 시간의 소일거리에 지나지 않을 수도 있지만 시인에게 짧게는 일 년 길게는 수년에 걸쳐 피땀 흘려가며 어렵게 농사지은 끝에 수확한 무척이나 소중하고 값진 결과물이다. 그런 만큼 시집을 읽을 때마다 늘 그 안에 담겨 있는 시인의 노고를 떠올리곤 한다.

『우주꽃의 비밀』은 시인 천선옥의 네 번째 동시집이다. 그는 2008년 《아동문예》 동시 부문 신인상을 받고 등단한 이후 『안개의 마술 학교』(2012), 『블랙박스 책가방』(2016), 『해바라기가 된 우산』(2019)을 펴냈다. 지금까지 발표된 그의 동시는 분위기가 밝고 건강한 것이 특징이다. 동화적 상상력을 바탕으로 아이들의 진솔한 일상과 가족 구성원 간의 끈끈한 사랑, 그리고 자연의 아름다운 풍광 등을 시적으로 형상화하고 있다.

이러한 천선옥의 시적 경향은 이번 동시집에도 상당 부분 이어지고 있다. 그러면서도 이전과는 조금 다른 모습을 보여준다. 실제로 이번 동시집에 수록된 작품을 보면 일상, 가족, 공부, 놀이, 친구, 자연 등 소재에서는 이전과 크게 다르지 않다. 하지만 내용과 형식에서 기존의 동화적 상상력 외에 우주적·생태적 상상력을 기반으로 창작된 작품이 보태어지면서 이전보다 시 세계가 더욱 풍성해졌다.

2.

시는 감정과 정서를 주관적으로 표현하는 장르이다. 즉 이성이 아니라 감정에 호소하는 것이다. 따라서 시인이라면 그 점에 신경을 써야 한다. 특히 동시를 쓰는 시인이라면 더욱 그래야만 한다. 아이들은 아직 경험이나 지식이 부족한 탓에 어른들과 달리 어떤 사물이나 현상을 파악할 때 논리가 아니라 직관으로 접근한다. 그런데도 여전히 동시를 교육의 수단으로 생각해 감성보다 이성에 기대어 창작하는 시인들이 있다. 하지만 그들과 달리 천선옥의 동시는 비교적 서정시의 문법에 충실한 편이다.

아빠 자전거 안장 위에

눈이 소복이 소리 내며 앉았다.

잠시 후

햇살이 눈부시게 소리 내며 앉았다.

잠시 후

눈이 사르르 자기 몸 녹여

자리를 비켜 주었다.

귀찮다 내색하지 않고

일하러 나가는 아빠를 위해

살며시 자리를 비켜 주었다.

- 「살며시」 전문

그동안 여러 평자가 언급한 것처럼 천선옥 동시의 가장 큰 무기는 따뜻함이다. 이 동시는 '눈'을 소재로 타인에 대한 사랑을 노래하고 있다. "아빠 자전거 안장 위에" 탐스럽게 내려앉은 눈은 "일하러 나가는 아빠를 위해" 자기 몸을 녹여 자리를 비켜 주면서도 조금도 "귀찮다 내색하지" 않는 모습을 보인다. 사실 남을 위하여 자기의 수고나 목숨을 아끼지 않는 자기희생의 정신은 아무나 할 수 있는 일이 아니다. 게다가 제목에서처럼 그것을 겉으로 드러내지 않고 행동으로 옮기는 건 더욱 어려운 일이다. 이 작품은 "잠시 후"라는 표현을 하나의 연으로 구성하고 이를 반복하여 시간에 따른 상황 변화를 묘사하고 있다. 따뜻한 내용만큼이나 형식미가 돋보이는 작품이다.

언니 키가 컸다.

언니 옷은 내 차지.

내가 눈여겨 두었던 연둣빛 원피스

목에 내 목을 쑤욱
팔에 내 팔을 쑤욱

"어머, 봄이다! 봄이야!"

엄마가 연두 이파리가 된 나를 보고
봄, 봄을 외쳤다.

햇살이 집안 가득 고일 때였다.

- 「봄이다」 전문

유아기 아이들은 아직 자의식이 부족해서 남이 쓰던 장난감이나 옷 등을 대물림해도 별다른 거부감을 보이지 않는다. 하지만 사춘기에 접어든 아이들은 독립심이 생기고 자의식이 생기면서 주위에 대한 부정적 태도가 강해진다. 그래서 보통은 남이 쓰던 물건을 주면 자신이 무시 받는다고 생각해 싫어한다. 그런데 이 작품에 등장하는 화자는 다르다. "언니 키가 컸다.//언니 옷은 내 차지.//내가 눈여겨 두었던 연둣빛 원피스"에서처럼 오히려 기다렸다는 듯 그것을 반긴다. 이러한 화자의 모습은 그동안 발표된 비슷한 내용의 작품과는 성격이 다르다. 그 때문에 다소 작위적이라는 느낌을 주기도 한다. 하지만 오랫동안 천선옥의 동시를 접한 독자라면 그것이 천성적으로 곱고 따뜻한 시인의 심성에서 비롯되었다는 것을 안다.

이처럼 천선옥의 동시는 밝고 따뜻하다. 그의 작품에 등장하는 아이들은 하나같이 착하고 매사에 긍정적이다. "우리는 꽃들이/사이좋게 뿌리 잘 내리라고/까르르 웃음거름 골고루 뿌려주었어요."(「꽃모종」)와 "동생이 해바라기꽃처럼 씨익 웃었다./나도 웃었다."(「놀라운 발견」)에서처럼 구김살이라고는 좀처럼 찾아보기 어렵다.

3.
최근 심각한 기후 위기 시대를 맞아 이에 대한 사람들의 관심이 높아지고 있다. 이런 세태를 반영하듯 우리 동시에서도 환경 및 생태와 관련한 작품들이 부쩍 늘어나고 있다. 이는 동시가 미래의 주인인 아이들을 위한 문학이라는 점에서 바람직한 일이다. 등단 초기부터 줄곧 아름다운 자연을 노래해 온 시인답게 천선옥의 동시는 생태적 상상력을 기반으로 창작된 작품이 많다. 특히 그는 세 번째 동시집에서 생태 문제를 다룬 작품을 다수 선보인 적이 있다.

포클레인이 산과 산을 민다.
눈 깜빡할 사이, 산과 산이 사라졌다.
지구가 흔들 흔들린다.
비가 오지 않는다.
온통 사막이 된다.

그 많던 사람들은 모두 어디로 사라졌을까?

집과 건물마다 잡초만 피고 핀다.
괴물처럼 변한 잡초가
집을 들어 올리고 건물을 들어 올리고 지구를 들어 올리고
맙소사, 잡초가 덥석 덥석 지구를 집어 삼킨다.

쿵, 지구가 무너진다.

- 「개발 개발하다가」 전문

그것은 이번 동시집에서도 확인할 수 있다. 이 동시는 제목에서처럼 무분별한 개발로 인해 황폐해지고 있는 지구의 모습을 노래하고 있다. 본래 개발은 무언가를 더욱 쓸모 있거나 향상된 상태로 변화시키는 행위를 가리킨다. 하지만 "포클레인이 산과 산을 민다", "산과 산이 사라졌다.", "비가 오지 않는다.", "온통 사막이 된다.", "집과 건물마다 잡초만 피고 핀다"에서처럼 그동안 진행된 개발은 오히려 인간과 지구를 위험에 빠뜨리고 말았다. 그런데도 지금도 여전히 개발이라는 이름 아래 무분별한 자연 파괴가 자행되고 있다. 이 작품은 그와 같은 문제 제기를 통해 상황이 급격하게 나빠지고 있는 지구의 생태 위기에 대해 경각심을 불러일으키고 있다.

푹푹 찌는 여름 오후 1시 59분과 2시 사이에

냉동고 문을 열고 냉동고 안으로 쑥 들어간다.

북극곰을 만나러 간다.

하얀빛 환한, 찬 얼음바닥에 발이 닿았다.

순간

쿵, 빙벽 무너지는 소리가 들린다.
아, 북극이 다 망가지고 있네.

(중략)

빙하가 둥둥
세계가 하나가 되어야 하는데, 욕심들을 버려야 하는데
살 곳을 잃고 있는 북극곰은 어디에서 살아야 하나?

그냥 마음이 아파.

— 「빙하가 둥둥」 부분

오늘날 생태 위기를 불러온 주범이 인간이라는 점에는 별다른 이견이 없다. 이 동시는 판타지 기법을 사용해 그와 같은 인간중심주의를 비판하고 있다. "푹푹 찌는 여름 오후 1시 59분과 2시 사이에/냉동고 문을 열고 냉동고 안으로 쑥 들어간다./북극곰을 만나러 간다."에서처럼 이 작품에 등장하는 화자는 냉장고를 통해 북극곰을 만나러 간다. 이후, 지구 온난화의 영향으로 북극의 빙하가 무너져내리는 광경과 조그만 얼음 조각에 의지해 먹이를 찾아 광활한 바다 위를 떠도는 북극곰의 모습에 마음 아파한다. "너무 몰랐단다. 우리 욕심 때문에/네가 피나는 연습을 아찔하게 쿨렁할 줄 말이야.", "세계가 하나가 되어야 하는데, 욕심들을 버려야 하는데/살 곳을 잃고 있는 북극곰은 어디에 서 살아야 하나?"와 같은 화자의 진술은 현재 우리가 누리고 있는 문명이 다른 생명체의 희생을 담보로 한 것임을 알려준다.

이 외에도 이 동시집에는 생태적 상상력을 바탕으로 창작된 작품이 여럿 실려있다. "지구 쓰레기는 산더미처럼 불어나고/우주 쓰레기는 눈덩이처럼 불어나고"(「응, 어쩔 거냐고」), "고래가 플라스틱 쓰레기를 잔뜩 먹고 죽었어요./바다거북이 온몸에 비닐과 그물이 칭칭 감겨 있었어요."(「지구야, 아프지 마」), "눈코 뜰 새 없이 바쁜/거미네 가족/봉순이네/떡, 한 접시 가지고 가던 엄마한테/딱, 걸려 거미 손때 묻은 집이 와르르르 뜯겨나갔다."(「거미」) 등이 대표적인 작품으로 아이들의 생태적 감수성을 기르는 데 적지 않은 도움을 줄 것으로 판단된다.

4.

시와 동시는 같은 운문 장르로서 주제나 형식, 창작기법 등에서 큰 차이가 없다. 다만 동시의 경우 그것을 즐기는 대상이 아이들인 까닭에 작품의 소재와 표현을 선택하는 데 약간의 제약이 뒤따를 뿐이다. 그런데도 시와 달리 동시에서는 좀처럼 개성 있는 작품을 찾아보기 어렵다. 다들 너무나도 비슷해서 마치 한 사람의 작품처럼 느껴질 때가 많다. 그래서인지 다소 작품이 거칠고 투박하더라도 남과 구별되는 개성을 지녔거나 현실에 안주하지 않고 끊임없이 새로운 시도를 통해 자

신만의 세계를 개척해가는 시인들을 보면 반갑고 기쁘다. 천선옥이 바
로 그런 시인이다.

개미 떼가

꼭 살구나무만한 그림자에 싸여

뽈뽈뽈뽈 뽈뽈뽈뽈

개미 떼가

꼭 대추나무만한 그림자에 싸여

뽈뽈뽈뽈 뽈뽈뽈뽈

어둑어둑 어둠이

거뭇거뭇 개미 떼 등에 업힐 때까지

- 「살구나무 대추나무 아래에서 해종일」 전문

이 동시집에는 그와 같은 천선옥의 면모를 엿볼 수 있는 작품이 많다. "녹두 같은 귀를 쫑긋하는 날"(「꿈틀꿈틀 경칩」)과 "민들레 씨앗은 내 동생이 흘린 밥알"(「날아라, 민들레야」)에서처럼 그의 동시에 등장하는 비유는 참신하다. 시의 형식과 표현기법 역시 독특하다. 이 동시는 그 가운데 하나로 개미 떼를 형상화하고 있다. 주로 대구법과 음성 상징어를 활용하여 시적 효과를 거두고 있는데 수법이 인상적이다. 특

히 음성상징어인 "뽈뽈뽈뽈", "어둑어둑", "거뭇거뭇"은 나무 아래에서 종일 쉬지 않고 움직이는 개미의 모습을 효과적으로 나타내는 데 큰 역할을 한다. 게다가 마지막 연의 "어둑어둑 어둠이/거뭇거뭇 개미 떼 등에 업힐 때까지"와 같은 아름다운 표현은 이 작품의 가치를 높이는 데 크게 일조하고 있다.

동생과 나는 늘 망태할아버지 때문에 무서웠지.
우리가 말 안 들으면
엄마 입에서 망태할아버지가 시도 때도 없이 튀어나왔어.
그래서 우리는 착한 어린이가 되려고 노력했지.
귀신보다 무섭게 생겼다는 망태할아버지는
한 번도 본 적이 없어.
엄마가 눈 부릅뜨고 으름장 놓기는 해도
우리를 사랑해. 동생은 "정말?" 했지만 말이야.
어휴, 잘 때 보니까
어둑어둑 커튼 뒤에서 망태할아버지가 바스락대는 거 같아.
우리는 무서워 두 눈을 질끈 감았지.
그러고는 꽉 부둥켜안고 까무룩 잠들었지 뭐야.

— 「말 안 들으면 잡으러 온대」 부분

하지만 이번 동시집에서 가장 흥미로운 작품은 따로 있다. 그것은 바로 옛이야기를 비롯해 다양한 소재를 동화시의 형태로 새롭게 풀어낸 작품이다. 이 동시는 그 대표적인 것으로 "동생과 나는 늘 망태 할아버지 때문에 무서웠지."에서처럼 옛이야기 속 상상의 존재인 '망태 할아버지'를 통해 아이의 심리를 재미있게 표현하고 있다. 전체가 21행으로 분량이 길고 중간중간 대화체가 섞여 있어 한편의 동화를 읽는 듯하다. 그런 점에서 긴 분량의 동화에 부담을 갖거나 생략과 압축으로 이루어진 동시를 이해하는 데 어려움을 겪는 아이들도 어렵지 않게 즐길 수 있는 작품이라는 생각이 든다.

이 밖에도 이 동시집에는 「여우 누이」, 「응, 어쩔 거냐고」, 「우주꽃의 비밀」, 「웃음까지 덤으로 얻었네」, 「상상일기 - 엄마 몰래 학원 빠진 날」 등 이와 유사한 성격을 지닌 작품이 상당수 발견된다. 이들은 동화적·우주적·생태적 상상력을 그 바탕에 깔고 있어 재미가 있다. 그런 만큼 아이들과 소통할 가능성이 크다. 성패를 떠나 독특한 형식과 실험정신이 돋보이는 작품이 많다는 사실만으로도 이 동시집의 가치는 충분해 보인다.

5.
지금까지 살펴본 것처럼 천선옥의 동시는 특별하다. 그동안 발표한 동시집에서 알 수 있듯이 그의 동시는 매번 같은 듯하면서도 조금씩 모습을 달리해 왔다. 그것은 이번 동시집도 예외가 아니어서 이전과는 다른 내용과 형식을 지닌 작품을 다수 선보이고 있다. 특히 동화적·생태적·우주적 상상력을 바탕으로 마치 한편의 동화 같은 독특한 형식의 작품을 발표함으로써 자신만의 개성 있는 시 세계를 만들어가고 있다. 이런 사실은 그가 끊임없이 배우고 노력하는 시인이라는 것을 말해준다. 잘 알다시피 동시는 아이들을 위한 문학이다. 시대와 사회가 바뀌면 그에 따라 아이들의 정서와 가치관도 바뀌기 마련이다. 그런데도 여전히 아이들과 소통하지 않고 자신의 과거 경험에만 의지해서 작품을 창작하는 시인이 많다. 그런 점에서 천선옥의 동시가 지닌 가치는 절대 작지 않다.

언제나 새롭고, 언제나 특별한
– 이옥용 청소년시집 『-+』 (도토리숲, 2022)

1.

이옥용의 시는 어딘지 모르게 생경한 듯하면서도 묘하게 마음을 끌어당기는 힘이 있다. 그 때문에 매번 그의 시집이 나올 때마다 독자의 한 사람으로서 마음이 설레곤 한다. 잘 알다시피 동시나 청소년시는 불특정 다수를 대상으로 하는 성인시와 달리 특정한 연령대의 독자에게 읽힐 목적으로 창작된다. 그렇다 보니 창작 과정에서 고려해야 할 점이 많아 독창적이고 개성적인 작품을 만나기가 쉽지 않다.

『-+』는 이옥용 시인의 네 번째 시집으로 70편의 작품이 수록되어 있다. 이 시집은 이전에 발표한 시집들과 달리 청소년을 독자층으로 삼고 있다. 그래서인지 이전에 발표한 시보다 내용과 형식이 훨씬 자유롭다. 그러면서도 다소 냉소적이면서도 해학적인 어조와 분위기, 특수한 기호의 사용과 파격적인 행과 연의 배치, 사회문제에 대한 날카로운 비판의식 등 일찍이 그의 시가 지녔던 특징을 그대로 계승하고 있다.

2.

문학이 궁극적으로 추구하는 가치는 아름다움이다. 그 가운데 시의 미적가치는 음악성, 함축성, 형상성과 같은 요소들에 의해 실현된다. 실제로 시어의 적절한 선택과 배열, 비유나 상징을 통한 정신적 가치의 표현, 이미지를 활용한 감각적 경험의 구체화 등의 여부에 따라 시의 아름다움이 크게 달라진다. 따라서 좋은 시를 쓰기 위해선 그와 같은 요소들을 적절히 활용할 수 있는 능력이 요구된다. 하지만 이는 생각처럼 쉬운 일이 아니다. 무엇보다 오랜 경험과 숙련이 필요한 일이다.

그렇다면 이옥용 시의 어떻게 미적가치를 실현하고 있을까. 이 시집과 이전에 발표한 시집들 사이에는 어떤 차이가 있을까. 그 점에 주목해 이 시집을 읽다 보면 몇 가지 특징이 발견된다. 첫째는 청소년시의 특성상 그런지 불안과 갈등, 혼란 등으로 대표되는 그 또래 아이들의 심리와 자아정체성의 문제를 다룬 작품이 많다. 둘째는 반복, 대구, 도치 등 다양한 수사법을 활용해 시적 효과를 주고 있다. 셋째는 서술시와 현실비판의식을 담은 작품이 시집에서 차지하는 비중이 높아졌다.

아무도

안 봐줘도

주인공은

나

제!비!꽃!

　　　　　　　　　　-「제비꽃」전문

청소년기는 인간의 성장에서 신체적·생리적 변화가 가장 급격히 일어나는 시기이다. 또한 개인의 사회화에 큰 영향을 미치는 가치관이 형성되는 시기이기도 하다. 따라서 올바른 자아정체성의 확립은 이 시기에 달성해야 할 중요한 과업이다. 이 시는 맨 첫 자리를 장식하고 있는 것으로 서시 격인 작품이다. 흔히 봄의 전령사로 불리는 제비꽃을 화자로 내세워 주체적인 삶의 중요성을 강조하고 있다. 다들 아는 것처럼, 제비꽃은 키가 작아 쉽게 눈에 띄지 않는다. 그런데도 제비꽃은 "아무도/안 봐줘도/주인공은/나"라고 말한다. 제비꽃을 화자로 내세운 것도 재밌고, "제!비!꽃!"처럼 느낌표를 사용해 시적 대상을 강조한 것도 인상적이다. 청소년들의 경우 타인과의 비교를 통해 자신의 정체성을 확립해 나간다는 점에서, 그다지 존재감이 크지 않은 제비꽃을 그처럼 당당하고 주체적인 존재로 그려낸 것이 무척 미덥다.

어제 내가 무한 리필한 건

우울

          스트레스

          자책감

          포기

오늘 내가 무한 리필한 건

          희망

           꿈

          노력

          위로

                    -「리필」 전문

-

마이너스!
줄이자!
    늦잠 보따리
    군것질 보따리
    걱정 보따리
    샘 보따리
    나 구박 보따리

+

　플러스!
　늘리자!
　　　용기
　　　연습
　　　희망
　　　웃음
　　　나 칭찬
　　　　　　　　-「- +」전문

그렇다고 해서 이 시집에 등장하는 아이들이 모두 당당하고 주체적인 것은 아니다. 청소년기에 곧잘 발견되는 정서적 불안과 혼란을 노래한 작품도 많다.「리필」은 그 가운데 하나로 시시각각 변화하는 청소년기 아이들의 감정을 잘 담아내고 있다. "어제 내가 무한 리필한 건", "오늘 내가 무한 리필한 건"에서처럼 이 시의 화자는 자신을 그릇에 빗대어 "우울"과 "희망", "자책감"과 "노력" 등 상반된 감정들이 하루가 다르게 요동치는 모습을 표현하고 있다. 이는 표제작인「- +」도 마찬가지이다. 이 작품은 수학 기호인 "-"와 "+"를 끌어와 정서적 동요를 겪고 있는 청소년들의 모습을 잘 보여주고 있다. 이 시에서 화자는 "늦잠 보따리", "걱정 보따리", "구박 보따리" 등 자신과 관련한 부정적인 요소들을 줄이고 대신 "용기", "희망", "칭찬" 등 긍정적인 요소들을 늘

리겠다고 말한다. 이처럼 이들 작품은 청소년기의 불안정한 심리를 사실적으로 그려내고 있다.

절망,

네게 영원한 벌을 내린다

희망을 죽였으므로

희망,

네게 최고의 상을 내린다

절망에 죽지 않았으므로

- 「벌과 상」 전문

그 많은 소식은

어디에서 오지?

공장에서 오지

소식공장

그 많은 인형같은사람들은

어디에서 오지?

공장에서 오지

인형공장

-「그 많은」 부분

특수한 기호의 사용과 파격적인 행과 연의 배치는 이옥용 시의 주된 특징이다. 실제로 그는 지금까지 다양한 형식적 실험을 통해 자신만의 독특한 시 세계를 만들어왔다. 이들은 그와 같은 특징을 잘 보여주고 있다. 「벌과 상」은 2연 6행의 작품으로 여러 개의 수사법이 동시에 쓰이고 있다. 먼저 1연과 2연이 각각 3행으로 똑같고 각각의 시행도 같은 구조의 문장들로 대구를 이루고 있다. 또한, "네게 영원한 벌을 내린다/희망을 죽였으므로"에서처럼 도치법을 사용해 문장에 변화를 주고 있다. 「그 많은」의 경우는 그보다 더욱 파격적인 기법이 사용되고 있다. "그 많은 소식은/어디에서 오지?/공장에서 오지/소식공장"과 같이 모든 연이 같은 형식의 문답법으로 구성되었을 뿐만 아니라 각각 대구를 이루고 있다. 여기에 각 연의 3, 4행을 들여쓰기와 글씨체의 교체를 통해 변화를 주고 있다.

이외에도 이 시집에는 "할 거야, 꼭!/잘하게 돼 있어/하자!"(「오늘의 마법 주문」), "네게 보낸다 이 풍경을/네게 보낸다 이 향기를/네게 보낸다 이 소리를"(「숲속에서」), "함박눈이 움직인다/아래로/아래로/아래로"(「아래로 아래로」), "출석은 잘했는데/생물 점수는 빵점/의욕적으로 공부했는데…/비장의 카드를 준비하자/밀려오는 잠도 줄이고"(「출생의 비밀」), "똥도//노!/력!/해!/야!//나온다"(「…도」) 등 반복법과 문답법을 비롯해 특수한 기호의 사용, 파격적인 행과 연의 배치, 글씨체의 변화와 같은 다양한 실험을 엿볼 수 있는 작품이 많다. 그래서 다소 생경하게 느껴지기도 하지만 이들 작품은 이옥용의 시를 더욱 풍요롭고 자유롭게 만들어준다. 즉 음악성을 더하고, 의미를 강조하는 등 그의 시에 생명을 불어넣는다. 특히 이 시집의 경우 그 기법이 이전보다 훨씬 다양하고 세련되어 있어 더 많은 즐거움과 감동을 주고 있다.

백성들은 임금님에게 하소연했어

"하늘에서 비 내려주셔서

땅에 씨앗 심고

땅 위에 집 짓고 사는데

땅과 하늘 벌주면

저희는 더는 살지 못합니다!"

임금님이 외쳤어

"어서 벌하라!"

병사들은 명령대로 했어

죄인들을 체포하고 처형했지

마지막으로 딱 둘만 남았어

병사들이 외쳤어

"땅, 네 죄를 알렸다?"

말이 떨어지기가 무섭게

땅이 쩍 갈라지며

궁전이 폭삭 내려앉았어

그리고 하늘에선 비가 쫙쫙 내렸지

- 「어떤 독재자의 최후」 부분

아마도 이 시집에서 가장 흥미로운 것은 바로 서술시가 아닐까 싶다. 최근 우리 시에서 두드러지는 현상 가운데 하나는 산문화 경향이다. 그 원인이 무엇인지는 정확히 알 수 없지만 기존의 방식으로는 개인의 정서를 온전히 표현하기가 어려워졌기 때문으로 보인다. 이 시는 총 46행으로 이루어졌으며 제목에서 알 수 있듯이 '어떤 독재자의 최후'를 이야기하고 있다. 이 시에 등장하는 임금님은 무지하고 포악해 가뭄으로 백성들의 삶이 어려워졌음에도 이를 돌보지 않고 그저 자신의 "욕심 주머니"를 채우기에 급급하다. 그 결과 "땅도", "궁전도", "백성도" 모두 잃어버린다. 이처럼 이 작품은 알레고리 기법을 이용해 위정자들의 어리석음을 날카롭게 비판하고 있다. "병사들은 명령대로 했어/죄인들을 체포하고 처형했지/마지막으로 딱 둘만 남았어"에서처럼 화자가 독자에게 이야기를 들려주는 형식을 취하고 있는데, 내용과 형식은 불가분의 관계를 지닌다는 점에서 평소 시인의 관심사 및 사회의식이 어떠한지를 짐작하게 해준다.

이는 "뜻이 이렇게 길다니!/하지만 완전히 틀렸어!/다섯 번 봤는데/청문회는 서로우기기대회야"(「청문회」), "장미가 콧방귀를 뀌었다/작품?/작품은 내가 등장하는 건데?/사랑그림!"(「밥통과 장미」), "난 한 마디 명령만 내렸을 뿐이지만/저들은 그야말로 수많은 행동을 했소./죄라면 바로 저들이 지었소."(「책임」), "새싹이 돋듯 돈이 쑥쑥 솟아나왔지/둘은 미친 듯이 웃으며/돈을 모자와 옷 속에 집어넣었어/하지만 둘은 엉엉 울었어/더 이상 돈을 넣을 곳이 없었거든"(「과자집과 돈집」) 등에서도 어렵지 않게 확인할 수 있다. 이들 역시 대부분 알레고리 기법을 사용하고 있다. 이는 알레고리가 추상적인 개념을 지닌 시적 대상이나 사건을 구체적으로 드러내기에 적합한 양식이기 때문으로 생각된다. 청소년기가 부모와 가정으로부터의 정신적 독립은 물론 사회적 책임과 의무에 대한 철학적 사고와 가치관을 확립해야 하는 시기라는 점에서 이번 시집에 수록된 서술시가 갖는 의의는 특별하다고 할 수 있다.

3.

이옥용의 시는 언제나 특별하다. 그는 지금까지 꾸준히 자신만의 시 세계를 창조해 왔다. 그 때문에 여느 작품과는 많은 차이가 있다. 더욱이 이번 시집의 경우 이전에 발표한 시집들과 달리 청소년을 대상으로 창작한 시를 모은 것이다. 그런 만큼 다루고 있는 제재도 무척 다양하고, 표현 기법도 훨씬 세련된 모습을 지니고 있다. 특히 청소년들의 특성을 올바로 이해하고 진솔한 자세로 대화를 시도하고 있는 것이 이

시집의 가장 큰 미덕이다.

나희덕은 어느 시인의 시 쓰기 행위를 "타인과 맺는 비밀의 나눔"(『한 접시의 시』, 창비, 2012)이라고 말한 적이 있다. 그에 따르면 시 쓰기는 세계와 불화를 겪는 타자들을 호명하고, 그들의 목소리에 귀를 기울이며, 재기발랄한 언어로 그들과 대화를 나누는 행위이다. 이 시집에는 시인 이옥용이 질풍 노드의 시기를 건너는 아이들과 나눈 내밀한 대화들로 가득하다. 늘 그랬듯이 이번 시집도 어디선가 홀로 막막한 시간과 싸우고 있을 그 누군가의 손을 살포시 잡아주기를 기대한다.

제3부 치열한 자기 부정의 정신

권태응 문학의 가치와 의의
― 『동천시가집』을 중심으로

1. 들어가는 말

올해는 시인이자 독립운동가인 동천(洞泉) 권태응의 탄생 100주년이 되는 해이다. 흔히 '감자꽃'의 시인으로 불리는 권태응은 1918년 4월 충청북도 충주에서 태어나 충주공립보통학교를 졸업했다. 이후 1937년 제일고등보통학교를 졸업하고, 일본 와세다 대학 전문부 정경학과에 입학하였다. 하지만 1939년 항일운동 혐의로 스가모 형무소에 수감되었다가 폐결핵으로 출옥하였다. 귀국 후에는 치료와 창작에 전념하다가 한국전쟁 당시 병세가 악화되어 1951년 3월 서른 세 살의 나이로 세상을 떠났다.

"권태응의 미덕은 우리 동시가 도달한 시의 형식과 언어적 감각을 단순 수용하고 섭렵하는 것을 넘어서 해방기 농촌 현실에 기반한 자신만의 세계를 새롭게 창조해냈다는 점에 있다."(김제곤, 「권태응의 삶과 문학 세계」, 《아동문학평론》, 2018, 봄, 46쪽.)라는 말처럼 권태응은 해방기에 주로 활동했으나 생전에는 그다지 주목을 받지 못했다. 이는 그가 문단활동을 한 기간이 동요 「어린 고기들」(《소학생》, 1947.4)을 발표하며 문단에 나와 1951년 사망할 때까지로 짧았던 탓도 있지만 그 동안 그가 남긴 작품에 대한 발굴과 정리가 제대로 이루어지지 않았기 때문이다.

실제로 권태응이 생전에 발표한 작품은 많지 않다. 1948년에 발간한 동요집 『감자꽃』에 실린 30편과 《소학생》, 《진달래》 등의 잡지에 발표한 10여 편이 전부이다. 하지만 1990년대에 그가 육필로 남긴 작품집 『송아지』(1947), 『우리 시골』(1947), 『어린 나무꾼』(1947), 『하늘과 바다』(1947), 『물동우』(1948), 『우리 동무』(1948), 『작품』(1949), 『동요와 또』(1950), 『산골마을』(1950)이 발굴되었으며 최근에 다시 『월시병기』(1944), 『청담집』(1945), 『동천시조집』(1945), 『울분』(1945), 『동천시집』(1945)과 『동천시가집』(1946) 등이 발굴되어 권태응 문학에 관해 재조명해야 할 필요성이 제기되고 있다.

이 글에서는 그 점에 주목해 이번에 새롭게 발굴된 『동천시가집』을 대상으로 권태응 문학의 가치와 의의를 살펴보려고 한다. 이 작품집에는 시와 동요, 일기 등 약 250편이 실려 있다. 그 가운데 권태응 문학의 핵심이라 할 수 있는 동요를 집중적으로 분석해 보려고 한다. 이들은 권태응이 등단하기 직전에 쓴 작품으로 권태응 동요의 전개 및 변모 양상을 파악하는 데 크게 기여할 것으로 기대된다.

2. 『동천시가집』의 구성과 내용

권태응은 생전에 단 한권의 시집만을 남겼다. 『감자꽃』이 바로 그것이다. 지금까지 발굴된 권태응의 육필로 씌어진 작품집은 모두 미발표된 것이다. 이들은 유족이 보관해 오다가 『감자꽃』(1995), 《청주문학》(1999), 『농사꾼 아이들의 노래』(2001) 등을 통해 일부가 세상에 그 모습을 드러냈지만 아직까지 전모가 밝혀지지 않고 있다.

이들 작품집에 따르면 권태응은 지금까지 알려진 것보다 훨씬 전부터 창작에 몰두해 왔음을 알 수 있다. 즉 그가 본격적으로 작품을 창작한 시기는 해방 후가 아니라 해방 전이라는 것을 확인할 수 있다. 또한 그가 동요뿐만 아니라 시와 소설, 그리고 시조에 이르기까지 다양한 분야에 관심을 기울여 왔으며, 우리가 상상하는 것 이상으로 엄청난 창작열을 지니고 있었다는 것을 알 수 있다.

이번에 새롭게 발굴된 『동천시가집』은 권태응이 1946년에 엮은 것으로 일기 형식으로 구성되어 있다. 1945년 1월부터 1946년 3월까지 쓴 250여 편을 날짜별로 수록해 놓았는데 '시가집'이라는 이름이 무색할 정도로 다양한 글이 실려 있다. 250여 편 가운데 장르가 분명한 것은 제목 옆에 장르가 표시된 동요 99편이며 나머지는 그 정체가 불분명하다. 이런 사실은 『동천시가집』이 완성된 형태의 작품집이 아니라 일종의 창작노트라는 것을 알려준다.

> 엇더한 모양으로 언제 이 한 권이 이루어지게 될는지 모르겠지만
> 보다 더 진보된
> 보다 더 상행된
> 양심적인 좋은 작품을 얻고저 힘써보겠다.
>
> 더욱 우리나라의 문화면이 활발해지며 빛날 것을 생각할 때 미미한 부분이나마 그 한 페이지에 자리를 차지하고 우리나라 문화면에 조곰이라도 이바지함이 있도록 맘껏 공부해 보겠다.
> 시가 나오든 동요가 나오든 가요가 나오든 소품이 나오든 차례차례 적어가기로 하겠다.

위 인용문은 『동천시가집』의 '머리말'로 권태응의 문학세계를 짐작할 수 있는 정보가 들어있다. 먼저 "우리나라 문화면에 조곰이라도 이바지함이 있도록"에서처럼 이 작품집에는 권태응의 애국지사적인 면모를 엿볼 수 있는 글이 다수 등장한다. "반벙어리 병신을 만들을나고/우리나라 국어를 못하게했지//왜놈들은 흉한놈들/왜놈들은 쥑일놈들"(「왜놈들은 쥑일놈들」 부분)과 "하다못해 성명까지/말·글까지도/염치없이 그놈들이/빼서 봤지만/우리 가삼 타는 맘은/못빼서 갔

지"(「빼서 봤지만」 부분)가 그 대표적인 작품으로 이러한 유형은 장르를 불문하고 다양하게 나타난다.

그다음으로는 "양심적인 좋은 작품을 얻고저 힘써보겠다"에서처럼 『동천시가집』에는 권태응의 창작태도를 엿볼 수 있는 글이 많이 실려 있다. 실제로 권태응의 문학에 대한 열정은 상상을 초월할 정도이다. "약 40편 작품 가운데는 설익은 것뿐만 아니라 주형적인 것도 즉지 않을 것이나, 또 한편 제법 모양과 내용을 갖춘 것도 있을 것이다. 위선은 적어놓고서 곰곰이 다시 생각해보고 고치어 보면서 완전한 것을 다만 두세 편이래도 만들 수 있다면 다행이겠다."(『산골마을』, 1950)는 권태응의 그와 같은 모습을 단적으로 보여준다. "글을 쓸냐거든/무엇이든/「인민」이란 단어와/「노선(路線)」이란 단어를/잊어서는 않될게다"(「글을 쓸냐거든」 전문), "작품거리를/이것저것 뒤척이며/거듭 뇌색히는/내머리 속은/저윽히도 고요하다"(「작품거리」 전문), "어렵지 않코서 쉬운 말로 쓴/쉬운 말이면서 샛듯하게 쓴/샛듯은 하면서 인상 깊게 쓴/이러한 시가 나는 좋터라"(「시」 전문)는 모두 『동천시가집』에 수록된 작품으로 평소 권태응의 창작태도가 어떠했는지를 잘 보여주고 있다.

이외에도 『동천시가집』에는 권태응이 병과 관련해 자신의 심정을 토로한 글이 많이 등장한다. 앞서 언급한 것처럼 권태응은 일본 유학 중에 '독서회 사건'으로 스가모 형무소에 수감되었다가 폐결핵에 걸려 병보석으로 풀려나 귀국했다. 당시 그는 폐결핵 3기로 몹시 위중한 상태

였는데, 이는 어떤 식으로든 그의 삶에 큰 영향을 끼쳤을 것으로 생각한다. "제일 내게 부러운 것/제일 내가 갓곱흔 것."(「건강」 전문), "요병 7년째/내 나이 29세.//요병 6년째/28세로 세상 뜨신 아버지보담 내가//한 살 더 먺어보는 셈."(「원단(元旦)」 전문), "놈들에게/얻은 병/분하기도 하드니//그여히 6년째에/놈들은 망하고 마렀고//이내 목숨은/불ㅅ긔에 타 살어있도다"(「얻은 병」 부분). 이들은 모두 권태응이 자신의 병과 관련해 쓴 작품으로 그의 복잡한 심정이 잘 나타나 있다.

이처럼 『동천시가집』은 하나의 완성된 작품집이 아니라 일종의 창작 노트와 같은 것이다. 그 때문에 시와 동시, 일기와 메모 등이 혼재되어 있어 구성이 다소 산만한 편이다. 그럼에도 이 작품집은 권태응의 문학을 이해하는 데 많은 정보를 제공한다. 그의 문학이 무엇으로부터 출발하고 있으며, 어디를 향하고 있는지, 그가 평소 어떤 자세로 문학을 대했는지 등을 알게 해준다.

3. 『동천시가집』에 수록된 동요 분석

『동천시가집』에는 총 99편의 동요가 실려 있다. 이들은 권태응이 등단하기 바로 직전에 쓴 것으로 초창기 권태응 동요의 성격을 파악하는 데 도움을 준다. 특히 이 작품집에는 이후 『감자꽃』에 수록된 두 작품의 초벌 원고가 실려 있어 이들 간의 변화양상을 살펴볼 수 있다.

껑중껑중

엄마 뒤따러

베 실러 들 가는데

뛰여가지요.

엄매엄매 송아지

엄마가 쉬면

슨 채로

젖꼭지를

물고 빨지요.

- 「송아지」 전문(『동천시가집』, 1946)

껑충껑충 송아지

엄마 뒤 따라,

벼 실러 들 가는데

뛰어가고.

엄매 엄매 송아지

엄마가 쉬면,

선 채로 젖꼭지를

물고 빨고.

-「송아지」 전문(『감자꽃』, 1948)

「송아지」는 위에서 보는 것처럼 표기만 달라졌을 뿐 내용에는 큰 변화가 없다. 다만, 형식에서 달라진 점이 눈에 띈다. 하나는 『동천시가집』의 1연 1행에서는 보이지 않던 '송아지'가 『감자꽃』에는 들어가 있다. 작품 전체가 7·5조로 이루어진 것으로 보아 아마도 이는 초벌 원고를 쓰는 과정에서 실수로 누락한 것으로 보인다. 다른 하나는 『동천시가집』의 서술어 "뛰어가지요"와 "물고 빨지요"가 『감자꽃』에서는 "뛰어가고"와 "물고 빨고"로 바뀌었을 뿐만 아니라 『동천시가집』에서는 보이지 않던 쉼표가 『감자꽃』에는 찍혀 있다.

혼자서 떠헤매는

꼬추남아리

어듸서 소리 찬 밤

잠을 잤느냐.

붉아케 익어버린

구구자 열매

하나만 따먹고서

동무 찾어라.

- 「꼬추 남아리」 전문(『동천시가집』)

혼자서 떠 헤매는
고추잠자리,
어디서 서리 찬 밤
잠을 잤느냐?
빨갛게 익어 버린
구기자 열매,
한 개만 따먹고서
동무 찾아라.

- 「고추 잠자리」 전문(『감자꽃』)

「고추 잠자리」는 앞서 본 「송아지」와 마찬가지로 표기와 문장부호에 약간의 변화가 있을 뿐 내용과 형식에서 크게 달라진 것이 없다. 그런데 이 작품은 특이하게도 제목이 바뀐 경우이다. 『동천시가집』에 실린 초벌 원고에는 제목이 「꼬추 남아리」인데 『감자꽃』에는 「고추 잠자리」로 표기되어 있다. 여기서 '남아리'는 강원과 충북에서 쓰였던 잠자리의 방언 '나마리'의 잘못된 표현이다. 이 작품은 『소학생』(1947년 10월)에도 실려 있는데 제목이 『감자꽃』에 실려 있는 작품과 동일하다. 이는 이 작품이 1945년 『동천시가집』에 실렸다가 다시 개작 과정을 거쳐 1947년 『소학생』에 발표된 다음 최종적으로 1948년 『감자꽃』에 재수록된 것임을 알 수 있다.

이외에도 "울긋불긋 곱다란/색동 조고리/어엽뿐 우리 아기/새로 입고서."(「어엽뿐 우리 아기」 부분)와 "어엽뿐 우리 아기/곱다란 일곱 빛깔/색동 조고리/어엽뿐 우리 아기/새로 입고서"(「어엽뿐 우리 아기」 부분)에서처럼 표기는 그대로이지만 내용이 추가되어 행이 늘어난 경우도 있다. 이들은 같은 제목이지만 작품 말미에 각각 창작한 날짜가 적혀 있어 앞에 것이 뒤의 것을 개작한 것임을 알 수 있다.

그렇다면 『동천시가집』에 실린 다른 동요들은 어떤 특징을 지니고 있을까. 신현득은 자신의 논문에서 "권태응의 동요시는 어느 것이나 어린이 독자에게 친근한 작품이었다."(「한국동시사연구」, 단국대학교 대학원 박사학위논문, 2001, 171-172쪽.)라고 말한 바 있다. 그리고 김종헌은 "그의 동시에 나타나는 단순성과 소박성은 건강한 동심을 주체로 세우기 위한 시적 장치이기도 하다. 이 단순성과 소박성 역시 어린이의 중요한 특징이다."(「물활론적 동심과 휴머니즘적 동심」, 『동심의 발견과 해방기 동시문학』, 청동거울, 2008, 83쪽.)라고 말한 바 있다. 과연 이러한 평가가 이 작품집에 실린 작품에도 그대로 적용될 수 있을지 궁금하다.

『동천시가집』에 실린 권태응의 동요를 내용에 따라 분류하면 자연을 노래한 작품이 가장 많다. 그 다음으로 많은 것이 가족과 친구를 노래한 작품이다. 그 외에 일상용품이나 놀이와 관련한 작품이 있지만 그 수가 많지는 않다.

방개방개 쌀방개는

생김 입뼈서

대야물에 당거서는

데리구 놀고.

방개방개 똥방개는

똥만 싸대서

놀지 않고 움덩물에

집어던지고.

- 「방개」 전문

자연을 노래한 경우 위 작품처럼 작은 곤충이나 동물에 대한 내용이 많다. 「방개」는 2연 8행으로 이루어진 작품으로 민물에 서식하는 곤충인 '쌀방개'와 '똥방개'를 노래하고 있다. 작품에 등장하는 쌀방개는 '물방개'의 방언이고 똥방개는 '물땡땡이'의 다른 이름이다. 둘은 생김새가 비슷하지만 물방개가 물땡땡이보다 거의 두 배 정도 크다. 또한 물방개는 육식을 하고 헤엄을 잘 치는 반면 물땡땡이는 초식을 하며 물방개보다 헤엄을 못 친다. 이러한 생태적 특성 때문인지 화자는 이들 곤충에 대해 상반된 태도를 보이는데 그와 같은 화자의 정서가 1연과 2연을 통해 대구를 이루고 있다. 이 작품은 전반적으로 구성이 탄탄할 뿐만 아니라 비교적 유음과 비음을 잘 활용해서 음악적인 효과까지 거두고 있다.

> 밭고랑의 버리싹들
> 추어 떨다가
> 보드라운 눈이불을
> 얻어덮고는
> 새이좋게 모다갗이
> 잠을 잔다네
> 어른 몸이 푸러지니
> 녹으러져서
> 몇날두고 곤한 잠을
> 실컨 자고는
> 갑갑한지 여긔저귀
> 일어난다네
>
> -「겨울 버리」전문

그런가 하면 자연을 노래한 작품 가운데 상당수가 계절감을 동반하고 있다. '가을 파초, 단풍 든 나무, 겨울 나무들, 겨울 파리, 겨울 햇님' 등이 바로 그와 같은 유형의 작품이다. 「겨울 버리」는 2연 12행으로 이루어져 있는데 작품에 등장하는 '버리'는 보리의 충청도 방언이다. 이 작품은 제목에서 짐작할 수 있듯이 겨울 보리의 강인한 생명력을 노래하고 있다. 한 겨울 추위에 떨던 보리싹들이 역경을 이겨내고 씩씩하게 자라나는 모습을 역동적으로 그려내고 있다. 당시의 시대적 상황을 고려해서 읽어도 전혀 무리가 없을 만큼 다양한 해석이 가능한 작품이다.

누나는 골만 나면
부직개 들고
애무한 강아지만
깽깽 때리지
누나는 골만 나면
요를 내걸고
먼지를 피우면서
팡팡 때리지

누나는 골만 나면
방망이 들고
흔 걸네 얼마든지
탕탕 때리지

-「누나는 골만 나면」전문

하라버진 제일 어른

길단 담뱃대.

아버진 다음 어른

곰방 담뱃대.

언닌 꼴찌 어른

짤른 물부리.

- 「담뱃대」 전문

  이들은 가족과 일상용품을 소재로 한 작품이다. 「누나는 골만 나면」은 3연 12행으로 구성되어 있는데 화자의 눈에 비친 화난 누나의 모습을 형상화하고 있다. 무엇 때문에 골이 났는지는 몰라도 누나가 부지깽이와 방망이를 들고 "강아지", "요", "흔 걸네"에게 화풀이를 하는 장면이 생생하게 묘사되어 있다. 「담뱃대」는 단연으로 이루어진 작품으로 내용과 형식이 모두 인상적이다. 가계의 서열 순으로 할아버지와 아버지, 언니를 나열하고 그들이 사용하는 담뱃대를 나란히 배치하고 있다. 그런데 시인이 애초부터 의도한 것인지 아닌지는 잘 모르겠지만, 행이 거듭될수록 글자의 길이가 짧아지고 있다. 그 때문에 내용과 형식이 부합하는 모양새를 갖추고 있다. 두 작품 모두 주변에서 흔히 볼 수 있는 사건이나 대상을 쉬운 언어로 꾸밈없이 잘 표현하고 있다.

  그럼 『동천시가집』에 실린 권태응의 동요의 형식은 과연 어떤 모습일까. 권태응이 작품 활동을 하던 1940년대는 한국동시사에서 흔히 말하는 자유동시의 형성기에 해당한다. 즉 기존의 정형시로부터 탈피하여 자유시로 이행하던 시기였다. 1930년대 중반 박영종과 강소천 등으로부터 출발한 자유시 운동은 1943년 김영일의 「사시소론(私詩小論)」(『아이생활』, 1943년 7-8월 합호, 40-42쪽 참조)을 거쳐 1950년대에 이르러 점차 자리를 잡는다. 그 때문에 1940년에 발표된 작품을 보면 정형시와 자유시가 혼재하는 양상을 띠고 있다. 이는 권태응의 경우도 예외가 아니다.

어듸서 갓난애가
작고만 우네.

들에서 아기엄마
아즉 않왔나.

아모도 달래주는
사람 없는지
저녁 깊어 가는데도
작고만 우네.

　　　　　　　　　 -「갓난애」전문

쌀밥우에 조가 섞인

소광 그 밥은

보기 좋고 맛이 있는

금밥이구요.

조밥 우에 쌀이 섞인

하양 그 밥은

보기 좋고 맛이 있는

은밥이지요.

-「금밥 은밥」 전문

본래 동요는 노래로 만들어질 것을 염두에 두고 창작된다. 따라서 숙명적으로 시구나 글자 수, 배열순서, 운율 등의 형식적 제약을 받을 수밖에 없다. 그런 점에서 위의 작품들은 동요의 요건을 두루 갖추고 있다고 할 수 있다. 「갓난애」는 3연 8행으로 이루어진 작품으로 밤이 되도록 혼자 울고 있는 아기를 노래하고 있다. 이 작품은 7·5조의 음수율과 "작고만 우네"와 같은 시구의 반복을 통해 리듬감을 잘 살리고 있다. 「금밥 은밥」은 2연 8행으로 구성된 작품으로 제목에서처럼 밥을 소재로 하고 있다. 이 작품도 앞의 작품과 마찬가지로 8·5조의 음수율과 대구를 통해 음악적 효과를 거두고 있다. 특히 1연과 2연이 한 치의 어긋남 없이 대구를 이루고 있어 안정감을 주고 있다.

벼개는
아기의 아기.

팔을 비켜
도닥도닥
잠을 재우고.

벼개는
아기의 아기.
등에 업어
둥기 둥기
잠을 재우고.

       -「베개」전문

옵빠는
나가 놀고 드러오면,
언제든지 한번식
벽장문을 열지요.

먹을 것 없는 때도
뻔히 알면서,

> 버릇되어 한번식
> 벽장문을 열어보지요.
>
> 　　　　　　－「벽장문」 전문

　반면에 이들 작품은 형식적 제약으로부터 비교적 자유로운 모습이다. 「벼개」는 베개를 인형으로 삼아 놓고 있는 아기의 모습을 담아낸 작품이다. 전체 구성은 3연 10행으로 이루어져 있으며 1·2연과 3연이 대구의 형식을 취하고 있다. 동요에서 흔히 볼 수 있는 대구의 형식을 띠고 있지만 "벼개는/아기의 아기.//팔을 비켜/도닥도닥/잠을 재우고"에서처럼 글자 수와 행갈이가 기존의 율격에서 크게 벗어나 있다. 「벽장문」은 어린 화자의 눈을 통해 바라본 오빠의 행동을 노래한 것으로 누구나 배고팠던 그 시절 "먹을 것 없는 때도/뻔히 알면서" 버릇처럼 벽장문을 열어보는 아이의 모습이 짠하게 다가온다. 전체 구성은 2연 8행으로 이루어졌는데 시구나 글자의 수, 운율 등이 일반적인 동요의 형식에서 온전히 탈피하고 있다.

　이처럼 『동천시가집』에 수록된 권태응의 동요는 내용적으로는 자연과 가족을 노래한 것이 많고 형식적으로는 정형시와 자유시가 혼재하고 있다. 요즘 작품과 견주어도 전혀 손색이 없는 작품이 있는가 하면 일정한 수준에 미치지 못하는 작품도 더러 눈에 띈다. 게다가 '겨울 파리/겨울 파리들', '고드름/고드름들', '동무/동무 동무', '참새/참새놈들/참새들'과 같이 동일한 소재를 각기 다른 내용으로 창작한 것이 여러 편 발견된다. 이런 사실은 이들이 아직 완성되지 않은 습작품이라는 것을 말해준다.

그런데도 이들 작품이 지닌 가치와 의의는 결코 작지 않다. 앞서 언급한 것처럼 이들은 권태응이 폐결핵 3기의 위중한 몸으로 석 달 간 심혈을 기울여 창작한 것이다. 그는 이들 작품에서 자신이 살고 있는 농촌의 모습과 아이들의 삶을 쉬운 언어로 진솔하게 표현하고 있다. 기존 동요의 전통적인 율격을 계승하면서도 그것을 다양한 형식으로 발전시키고 있다. 그 결과 동시대의 다른 시인들과 구별되는 자신만의 세계를 만들어내고 있다. 이는 권태응이 등단하기 이전에 훗날 해방기 한국동시사에 커다란 족적을 남길 만한 시인으로 성장할 수 있는 자질을 이미 갖추고 있었다는 것을 알게 해준다.

5. 나오는 말

사람의 생애를 평가할 때와 마찬가지로 어떤 사람의 문학에 대한 평가는 연속성과 총체성을 모두 고려해서 이루어져야 한다. 어떤 작품이든 특정 시간 혹은 특정 공간에 그 자체로서 완전하게 독립적으로 존재할 수 없기 때문이다. 모든 존재는 어떤 식으로든 서로 영향을 주기 마련이다. 따라서 문학세계를 탐구하는 데 있어 어느 작품 하나를 특정해서 접근하는 방식은 필연적으로 한계를 지닐 수밖에 없다.

이는 『동천시가집』을 대상으로 권태응의 문학을 논하고 있는 이 글에도 그대로 적용된다. 사실 이 작품집은 권태응이 남긴 많은 자료 가운데 일부이고 더욱이 그 안에 실린 여러 장르의 작품 중에서 동요만을 뽑아 그의 문학에 대해 가치와 의의를 논한다는 것은 거의 만용에 가깝다. 그럼에도 이처럼 무모한 도전을 감행한 것은 앞으로 전개될 권태응의 문학연구에 조금이나마 보탬이 되었으면 하는 바람 때문이다. 주어진 자료와 능력 부족으로 기대한 만큼의 결과물을 만들어내지 못한 것 같아 아쉽다.

오래 전에 모 계간지에 발표한 글(「권태응 동시의 특성과 의의」(계간 『딩아돌하』, 2012, 겨울)에서 권태응의 남긴 그 많은 작품이 미발표작으로 남아 있는 것은 그 자신뿐만 아니라 한국아동문학에 매우 불행한 일이라고 쓴 적이 있다. 그때나 지금이나 권태응의 작품이 세상에 모습을 드러내어 많은 사람이 함께 즐겼으면 좋겠다는 생각에는 변함이 없다. 하지만 그 후에도 별다른 진척이 없어 내심 속상했는데 다행스럽게도 현재 그동안 발굴된 자료를 바탕으로 권태응의 전집작업이 한창 진행 중이라고 한다. 모쪼록 빠른 시간 안에 작업이 완결되어 권태응의 문학에 대해 더 많은 연구가 이루어졌으면 좋겠다.

미래 일기와 동시의 씨앗 창고
- 이묘신론

1. 시에 대한 열정과 끊임없는 노력

이묘신은 재능이 많은 작가이다. 현재 그는 동시, 동화, 그림책, 청소년시 등 다양한 장르를 넘나들며 왕성하게 활동하고 있다. 하지만 "아무리 바빠도 시를 읽고 쓰는 것을 게을리하지 않아요."(「시인의 말」, 『안이 궁금했을까 밖이 궁금했을까』)에서처럼 그는 그 어떤 장르보다 시에 대한 열정이 대단하다. 또한 그의 동시는 그동안 여러 단체에서 선정하는 우수 작품에 단골로 뽑힐 만큼 재미와 감동을 두루 갖추고 있다.

그런데도 지금껏 그의 동시에 대한 평가는 인색하다. 물론 「생활과 시가 일치하는 시인」(전병호, 《어린이책이야기》, 2010, 겨울)이나 「L에게 보내는 러브레터」(박혜선, 《열린아동문학》, 2017, 가을) 등 개별 동시집이나 특정 작품에 대한 단평이 있긴 하지만 이들만으로는 그의 작품 전반을 온전히 이해하기 어렵다. 따라서 이 글에서는 이묘신이 지금까지 발표한 동시집을 대상으로 그의 작품 세계와 특징을 분석하고 이를 토대로 향후 그의 동시가 나아갈 방향에 대해 살펴보려고 한다.

2. 일상적 소재와 날카롭고 예리한 관찰력

이미 여러 논자가 평한 것처럼 이묘신 동시의 주된 특징 가운데 하나는 일상적 소재의 사용이다. 실제로 그가 노래하는 대상이나 사건은 가족이나 이웃, 그리고 우리 주변에서 흔히 볼 수 있는 사물들이다. 그런데도 그의 동시는 특별하다. 그것은 박일의 말처럼 "그는 시의 내용이든, 제목이든 평범한 일상의 소재들을 비범으로 바꿀 줄 알고, 긴장하게 만들면서 독자들을 주목시킬 줄"(「이 작가를 주목한다」, 《오늘의 동시문학》, 2012, 여름) 알기 때문이다. 이런 사실은 그가 평소 주변에 관심이 많을 뿐만이 아니라 예리한 관찰력을 지니고 있다는 것을 말해준다.

할머니는 아침만 드시면
경로당으로 가요

굽은 허리 펴게 하고
힘없는 다리 지탱해 주는 건
씩씩하게 앞장서 가는
낡은 유모차지요
할머닌 아기 대신
삶은 고구마를 유모차에 태우고
경로당 마당에 들어서요
마당에 먼저 와 있는 유모차 곁에
나란히 세워진
할머니 낡은 유모차 위엔
햇살도 놀러 와 타고 있어요

-「할머니 유모차」전문

이 동시는 『책벌레 공부벌레 일벌레』에 수록된 작품이다. "굽은 허리 펴게 하고/힘없는 다리 지탱해 주는"에서처럼 몸이 불편한 노인들이 이동 보조기구로 사용하는 유모차를 노래하고 있다. 최근엔 노인용 보행 보조기가 다양하게 출시되고 있으나 이 동시가 발표된 당시에는 실제 유아들이 사용했던 "낡은 유모차"가 그 역할을 대신했다. 지금은 이와 비슷한 소재의 작품이 많아 감흥이 덜하지만 처음 이 동시를 접했을 때의 느낌은 무척 신선했다. 주변에서 흔히 볼 수 있는 평범한 소재를 시적으로 형상화한 것이 인상적이었고 자칫 분위기가 침울해질 수 있는 소재임에도 특유의 낙천적인 성격으로 분위기를 반전시키는 능력이 놀랍다. "아기 대신/삶은 고구마를/유모차에 태우고" 경로당에 마실 가는 할머니의 모습과 경로당 마당에 놓인 "낡은 유모차" 위에서 평화롭게 놀고 있는 햇살의 풍경이 정겹고 따스하게 다가온다.

창호지문에 손가락
구멍이 나 있다

안에서
밖이 궁금했을까?

밖에서
안이 궁금했을까?

-「절에 갔더니」 전문

어머!
우리 아빠는
핸드폰이 인형인가 봐

잠을 잘 때도
꼭 옆에 두고 잔다

내 동생이

곰돌이 인형 없으면

잠을 못 자는 것처럼

- 「인형」 전문

　이들도 앞의 동시와 마찬가지로 일상에서 소재를 취하고 있다. 「절에 갔더니」는 『안이 궁금했을까 밖이 궁금했을까』에 수록된 것으로 절에 간 화자가 "창호지문"에 난 "구멍"을 보고 떠오른 생각을 노래하고 있다. 3연 6행의 간결한 형식에 내용도 그리 특별하지 않지만 깊은 울림을 준다. 그것은 이 동시가 지극히 아이다운 발상에 기초하고 있기 때문이기도 하지만 그와 같은 소소한 소재를 발견해 시적으로 형상화하는 능력도 크게 한몫하고 있다. 그 점은 『눈물 소금』에 실린 「인형」도 다르지 않다. 이 동시는 현대인의 생활필수품 가운데 하나인 핸드폰과 관련한 내용을 담고 있다. "우리 아빠는/핸드폰이 인형인가 봐"에서처럼 이 동시에 등장하는 아빠는 마치 애착 인형처럼 끼고 산다. "잠을 잘 때도/꼭 옆에 두고" 잘 만큼 심각한 핸드폰 중독에 빠져있다. 그런데 어쩐지 그 모습이 조금도 낯설게 느껴지지 않는다. 또한 마냥 웃고 지나칠 수도 없다. 왜냐하면 바로 그것이 우리들의 모습이기 때문이다.

　이처럼 이묘신의 동시는 일상에서 흔히 접하는 사물이나 현상을 소재로 한다. 그러면서도 독자의 마음을 사로잡는 묘한 매력이 있다. 이런 사실은 그가 평소 관심이 많을 뿐만 아니라 남들보다 뛰어난 관찰력과 감수성을 지니고 있다는 것을 말해준다. 사실 모든 시는 경험을 바탕으로 창작된다. 그렇다고 그것이 모두 시가 되는 것은 아니다. 같은 경험이라 하더라도 시인이 그것을 어떻게 해석하느냐에 따라 의미가 달라진다. 그런 점에서 시인은 어떤 대상에 새로운 의미를 부여하는 사람이라고 할 수 있다. 이묘신의 동시가 평범한 소재를 취하면서도 많은 재미와 감동을 주는 것은 사물을 재창조하는 능력이 그만큼 출중하다는 것을 방증한다.

3. 따스한 심성을 바탕으로 한 비판 의식

이묘신 동시의 또 다른 특징은 비판 의식이 강하게 나타나는 작품이 많다는 점이다. 기본적으로 동시는 어른인 시인이 아이에게 읽힐 목적으로 창작한다. 그 때문에 동시의 경우 대부분 시적 화자가 아이들이다. 그렇다 보니 창작에 있어 소재와 내용을 표현하는 데 일정한 한계가 있다. 즉 지적 혹은 경험적으로 아이들의 수준을 뛰어넘거나 그들의 정서와 가치관에 안 좋은 영향을 줄 수 있는 소재와 내용은 지레 피하게 된다. 따라서 성인시와 달리 동시에서는 현실을 비판한 작품이 그리 많지 않다. 그런 점에서 이묘신의 동시가 지닌 의미는 각별하다.

- 5분이면 가는 거리를 또 지각했니?

수학 학원 늦었다고 엄마가 소리친다

엄마처럼, 개미도 안 보고

엄마처럼, 예쁘게 핀 꽃도 안 보고

엄마처럼, 새소리도 듣지 않고

엄마처럼, 가다가 공원 의자에 앉아 보지도 않고

앞만 보고 걸어간다면

저도 5분이면 갈 수 있어요

뛰어가면 3분 안에도 갈 수 있어요

- 「난 그렇게 하고 싶지 않다」 전문

작은 게 좋아서

컵 속에 쏘옥 들어가는

강아지가 나오고

컵 속에 쏘옥 들어가는

고양이가 인기다

작으면 밥도 조금 먹고

똥도 조금 싸서

키우기 좋단다

그렇게 작은 게 좋으면

개미를 키우지 그래

- 「작은 게 좋으면」 전문

이들은 이묘신의 비판 의식을 잘 보여준다. 「난 그렇게 하고 싶지 않다」는 『너는 1등 하지 마』에 수록된 작품이다. 학원 문제로 엄마와 갈등을 겪는 아이의 마음을 노래하고 있다. 이는 가정에서 흔히 볼 수 있는 장면으로 소재 면에서 새로운 작품은 아니다. 오히려 이 동시의 가치는 "수학 학원에 늦었다고" 꾸중하는 엄마에게 "엄마처럼, 개미도 안 보고", "엄마처럼, 예쁘게 핀 꽃도 안 보고" 그저 "앞만 보고 걸어간다면" 학원에 늦지 않을 수 있다고 당당하게 말하는 화자의 진술에 있다. 왜 공부를 해야 하는지, 무엇이 진정한 공부인지 진지하게 되돌아보게 만든다. 「작은 게 좋으면」은 『눈물 소금』에 실린 작품이다. 최근 사회 문제로 떠오르고 있는 동물권을 다루고 있다. 1연의 "작은 게 좋아서/컵 속에 쏘옥 들어가는/강아지가 나오고/컵 속에 쏘옥 들어가는/고양이가 인기다"에서처럼 반려동물을 마치 하나의 장난감처럼 취급하는 사람들의 행태를 지적하고 있다. 특히 이 작품은 "그렇게 작은 게 좋으면/개미를 키우지 그래"에서처럼 다른 작품과 달리 해학적 요소가 두드러지게 나타난다.

이 외에도 이묘신의 동시에는 "사람들이 만든 거미줄에/족제비가 걸렸다/산토끼도 걸리고/너구리도 걸렸다/오늘은 또/노루 한 마리가 걸려/끙끙거린다"(「거미줄」)와 "새로 산 가방 찍고/핼쑥한 자기 얼굴 찍고/갓 태어난 강아지 찍고//이젠 넘어져 다친 친구/일으켜 주지는 않고/인증샷부터 찍는다"(「인증샷 시대」) 등 현실을 비판하는 작품이 많다. 이들은 어느 한 동시집에 국한하지 않고 모든 동시집에서 발견된다. 비판의 대상도 교육·환경·생태·문화 등을 가리지 않고 폭넓게 진행된다. 그러면서도 이들 동시는 그와 비슷한 성격의 작품들에서 흔히 볼 수 있는 날것 그대로의 목소리를 찾아보기 어렵다. 아마도 그것은 천성적으로 따뜻한 그의 심성과 밀접한 관련이 있는 것으로 보인다.

누렇게 익은 호박아,

부엌 구석에 떠억 버티고 앉은 널

심심해서 손톱으로

꾹꾹 찔러 보았어

네 몸 색깔이 변하며 썩어갈 때

난 가슴이 철컹했어

어쩜, 거기부터 썩었을까?

내가 손톱으로 꾹꾹 찌른 곳 말이야

심심하다고 장난으로 해 본 건데
널 썩어 가게 만들었구나
내가 만든 손톱자국 또 없을까?
상처가 덧나면 안 되는데

-「늙은 호박」전문

오랫동안 이묘신을 보아온 사람이라면 누구나 인정하는 것처럼 그는 마음이 착하다. 아주 작은 일에도 쉽게 상처받고 다른 사람들에게 피해를 주는 것을 무척 싫어한다. 이 동시는 『책벌레 공부벌레 일벌레』에 수록되어 있다. "심심하다고 장난으로 해 본 건데/널 썩어 가게 만들었구나"에서처럼 이 작품에서 화자는 자신의 잘못으로 인해 호박이 썩어가는 것에 대해 죄책감을 느낀다. 그러면서 "내가 만든 손톱자국 또 없을까?/상처가 덧나면 안 되는데"라며 혹 자신의 행동으로 누군가 상처를 받지 않았는지 걱정한다. 그런데 이런 화자의 행동은 평소 이묘신의 모습과 많이 닮았다. 항상 자신을 낮추고, 자신보다 남을 먼저 배려하고, 작고 여린 것들을 그냥 지나치지 못하고 따스하게 보듬어주는 사람이 바로 이묘신이다. 이런 사실은 "저기 저 소금/제발,/행복해서 흘린 눈물로/만든 것이라면 좋겠다"(「눈물 소금」) 등의 작품에서도 확인할 수 있다.

송수권은 자신의 시론에서 "그 어떤 상상력이든, 상상력은 지적 발산 능력에서 온다. 이 지적 발산 능력은 곧 지식과 경험의 깊이를 말하는데, 우리는 보통 이 힘을 직관력이나 통찰력이라고 표현한다. 여기에서 사물의 깊이를 들여다보는 '지혜의 눈'이 비로소 생긴다."(『송수권의 체험적 시론』, 문학사상, 2006)라고 말한 바 있다. 이는 시적 상상력이란 시인의 정신을 드러내는 일종의 코드이며 시인이 지닌 지식과 경험의 깊이가 곧 시적 감동과 직결되는 문제임을 알게 해준다. 이묘신의 동시가 그와 같이 날카로운 비판 의식을 지니고 있음에도 미학적으로 뛰어난 성취를 보여주는 것은 아마도 이와 관련이 있지 않을까 싶다. 즉 천성적으로 고운 심성과 예술적 소양, 그리고 다양한 지식과 풍부한 경험이 하나로 집약된 결과라는 생각이 든다.

4. 동심적 상상력과 '동화시'의 가능성

이묘신의 동시를 논할 때 또 한 가지 빠뜨릴 수 없는 것이 '서사성'이다. 앞서 소개한 바와 같이 그는 동시보다 먼저 동화로 등단했을 뿐만 아니라 이미 여러 권의 동화책과 그림책을 출간한 바 있다. 그래서인지 그의 동시에는 인물, 사건, 배경 등 서사적 요소가 두드러지게 나타난다. 물론 "아까시꽃 냄새가 폴폴/고개를 들어 보니/꽃이 주렁주렁//그 속에 까치집/한 채 들어섰다//기둥도 꽃 기둥/문도 꽃문/지붕도 꽃 지붕//푸드득 까치가 난다/향기가 난다"(「까치집」)처럼 함축성과 음악성이 돋보이는 동시도 있지만 동화나 그림책으로 창작해도 좋을 것 같은 작품이 많은 수를 차지한다.

담모랭이 방앗간 아저씨는
가끔 정미소를 돌려요
안 그러면 멀리까지 가서
방아를 찧어야 해요

담모랭이 이발사 아저씨도
가끔 오는 손님 위해 이발소를 열어요
안 그러면 머리 깎으러
멀리 읍내까지 가야 해요

담모랭이 구멍가게 아줌마도
많지 않은 손님 위해 구멍가게를 열어요
안 그러면 소금 하나 사러
멀리 시장으로 가야 하니까요

정미소도
이발소도
구멍가게도
담모랭이 사람들과 함께 늙어 가요

- 「담모랭이 사람들」 전문

태어난 지 한 달 만에

엄마를 떠났어요

사흘을 낑낑 울고 나서

엄마가 오지 않는다는 걸 알았지요

새 주인은 잘해 주었지만

가끔은 발로 찰 때도 있었고

잊었는지 밥을 안 줄 때도 있었어요

그럴수록 난 꼬리를 흔들었어요

엄마를 조금씩 잊어 갔지만

가끔씩 잠이 안 오는 밤엔

엄마가 보고 싶어요

윙윙 바람 부는 밤에는

엄마 품에 안기고 싶어요

- 「강아지 자서전」 전문

이들은 이묘신 동시의 그와 같은 특징을 잘 보여준다. 「담모랭이 사람들」은 『책벌레 공부벌레 일벌레』에 수록된 작품으로 '담모랭이'라는 특정 마을을 배경으로 마음을 나누며 살아가는 사람들의 모습을 노래하고 있다. 마을 사람들의 수고를 덜어주기 위해 다소 귀찮고 불편함에도 늘 자신의 자리를 굳건히 지키고 있는 "방앗간 아저씨"와 "이발사 아저씨", "구멍가게 아줌마"의 마음 씁쓸이가 인상적이다. 한 번도 가 본 적은 없지만 서로 의지하며 함께 늙어 가고 있을 담모랭이 사람들의 모습이 정겹다. 「강아지 자서전」은 『너는 1등 하지 마』에 수록된 작품이다. "태어난 지 한 달 만에" 엄마와 헤어져 다른 곳으로 입양된 강아지를 노래하고 있다. 아무리 "새 주인은 잘해 주었"다고는 하지만 아직 어린 강아지로서는 엄마의 부재만큼 더 충격과 아픔이 또 있을까 싶다. "가끔씩 잠이 안 오는 밤"이거나 "윙윙 바람 부는 밤", 엄마를 그리워하며 울고 있는 강아지의 모습이 안쓰럽다. 서로 정반대의 분위기를 지니고 있지만 두 작품 모두 서사성이 강해 마치 한 편의 동화를 보는 듯하다.

화단에 골고루 심은
꽃씨들

분꽃 옆에 맨드라미
맨드라미 옆에 채송화
채송화 옆에 봉숭아
봉숭아 옆에 해바라기

땅속에선 서로 모르고 지내다

땅 밖에서 이웃 되었다

- 「이웃사촌」 전문

이 작품은 『눈물 소금』에 수록된 것으로 발상과 표현이 남다르다. 이 작품에서 화자는 "화단에 골고루 심은/꽃씨들"이 활짝 피어난 것을 보고 "땅속에선 서로 모르고 지내다/땅 밖에서 이웃 되었다"라고 생각한다. 그런데 이러한 생각은 별것 아닌 것처럼 보이지만 실상 아무나 할 수 있는 것이 아니다. 아이들의 심리를 바탕으로 자연과 인간, 또는 세계를 새롭게 빚어낼 수 있는 동심적 상상력을 바탕으로 하지 않으면 불가능한 일이다. 더욱이 이 작품은 3연 8행으로 이루어졌지만 사실 하나의 문장에 불과하다. 그런데도 어떤 작품 못지않게 큰 재미와 감동을 준다.

이처럼 이묘신의 동시는 서사성이 강하다. 또한 동심적 상상력을 바탕으로 창작된 작품이 많다. 이들 작품은 등단 초기에 발표한 동시집에서 자주 발견된다. 실제로 최근 발표되는 작품은 이전보다 서사성이 약해진 대신 시적 요소들이 더욱 강화된 모습을 보인다. 『안이 궁금했을까 밖이 궁금했을까』에 수록된 「안아주는 나무」나 『눈물 소금』에 수록된 「핸드폰을 집어던진 이유」처럼 서사성이 두드러진 작품이 없지는 않지만 초창기보다 현저히 줄어든 것만은 확실하다. 그런데 개인적으로는 이와 같은 변화가 조금은 아쉽다. 왜냐하면 그동안 그의 시 작업을 관심 있게 지켜본 사람으로서 그가 지금의 시적 성취를 일궈낸 것이 무척 기쁘고 반갑지만 사실 오래전부터 내심 그를 '동화시'를 계승할 적임자라고 생각해 왔기 때문이다. 물론 지금도 그와 같은 생각에는 변함이 없다. 지나친 욕심일지 모르지만 언젠가 그가 동화시만으로 엮은 동시집을 마주할 수 있는 날이 오기를 기대해본다.

5. 다시 쓰는 미래 일기

앞서 본 것처럼 이묘신 동시의 특징은 크게 세 가지를 들 수 있다. 첫 번째 특징은 일상적 소재를 다룬 작품이 많다는 것이다. 그의 동시는 대부분 일상에서 흔히 볼 수 있는 사물이나 사건을 형상화하고 있다. 그런데도 깊은 감동과 재미를 준다. 이는 그가 평소 주변에 관심이 많으며 어떤 대상을 새롭게 해석하는 능력이 뛰어나다는 것을 말해준다. 두 번째 특징은 비판 의식을 담아낸 작품이 많다는 것이다. 그러면서도 그의 동시는 미학적으로도 높은 성취를 보여주고 있다. 이는 기본적으로 그의 심성이 따뜻한 것도 있지만 뛰어난 예술적 소양, 다양한 지식, 풍부한 경험이 하나로 집약된 결과라고 생각된다. 세 번째 특징은 동심적 상상력과 서사성이 두드러지게 나타나는 작품이 많다는 것이다. 특히 이러한 특징은 초기에 발표한 작품에 자주 발견되는데 이것은 그가 동시 창작에 앞서 동화로 먼저 등단한 것과 전혀 무관해 보이지 않는다.

박일은 이묘신의 동시에 대해 "그의 동시는 우리 동시가 가야할 길을 제대로 잡아주고 있는 것은 아닐까. 평범한 소재들을 시적 긴장이나 낯설음으로 형상화시키는 그 수법 말이다. 동시를 공부하는 이들이라면 그의 착상력과 시적 긴장감을 우리 동시에서 어떻게 응용해야 하는가를 눈여겨봐야 할 것이다."('머리만 믿지 않기' 외 5편에 대한 평론」, 『오늘의 동시문학』, 2012, 여름)라고 말한 바 있다.

최규리는 세 번째 동시집 『안이 궁금했을까 밖이 궁금했을까』을 논하며 "시인의 시를 읽노라면, 시를 읽고 쓰는 것을 게을리하지 않았다는 작가의 고백이 허투루 들리지 않는다. 한 편의 시마다 세상을 바라보는 시인의 시선은 날카롭고 예리하다."('통찰과 성찰의 힘, 소통」, 계간 《동시 먹는 달팽이》, 2020, 봄)라고 평가한 바 있다.

실제로 조금이라도 이묘신을 겪어 본 사람이라면 그와 같은 박일과 최규리의 평가가 얼마나 정확한 것인지 알 수 있다. 이묘신은 자신의 첫 번째 동시집과 두 번째 동시집 「시인의 말」에서 "내 수첩에는 이렇게 앞으로의 바람을 써 둔 미래 일기와 동시의 씨앗들이 가득해요. 늘 동시 생각에 길을 가다 멈춰 서고, 이야기를 하다가도 메모를 해요.", "속이 상하면 동시를 읽다가 동시집을 안고 잠을 자요. 우린 서로 잘 만났다는 생각이 들어요."라며 동시에 대한 깊은 애정을 드러낸 적이 있다.

그는 지금도 그 어디에선가 수첩을 열고 미래 일기를 쓰며 열심히 동시의 씨앗을 모으고 있을 것이다. 그리고 자신의 동시 창고에 차곡차곡 쌓이는 씨앗을 바라보며 미소를 짓고 있을 것이다. 그만큼 동시에 있어서만큼 이묘신은 언제나 진심이다.

동시, 위기의 시대를 노래하다

1.
사실 따지고 보면 인간의 역사는 언제나 위기의 연속이었다. 지금껏 위기가 아닌 적은 단 한 번도 없었다. 실제로 식량을 구하는 일부터 추위와 더위를 피하는 일까지. 또한 다른 힘센 동물들로부터 자신의 생명을 지키는 일까지. 그동안 인간은 크고 작은 적들과 맞서 싸우며 매 순간 눈앞에 직면한 위기를 슬기롭게 극복하며 오늘날에 이르렀다. 이는 인간의 존재 자체 및 현재 우리 인류가 누리고 있는 각종 문명의 이기들이 곧 그와 같은 투쟁의 산물임을 알게 해준다.

그런데 최근 인류가 직면한 위기는 과거와 그 양상이 사뭇 다르다. 과거의 위기가 날씨와 식량 등 주로 외부적인 요인들에 의해 이루어졌다면 오늘날의 위기는 인간의 끝없는 욕망과 욕심 등 대부분 내부적인 요인들에 의해 이루어지고 있다. 과거의 위기가 국소적이고 개별적인 양상으로 나타났다면 오늘날의 위기는 이미 많은 사람이 지적하고 있는 것처럼 전체적이고 일반적인 양상으로 나타난다는 점에서 그 어느 때보다 더욱 심각하고 복잡한 모습을 띠고 있다.

그렇다면 이러한 위기의 시대를 맞아 우리 아동문학은 지금의 상황을 어떻게 인식하고, 무엇을 고민하고 있을까. '불평등이 곧 재난이다.'라는 말처럼 어떤 재난과 위기 상황이 닥칠 때마다 가장 크게 고통받는 이들은 여성과 아이 같은 사회적 약자들이다. 그런 점에서 주로 아이들에게 읽힐 목적으로 창작되는 아동문학의 성격상 현실을 쉽게 외면하기 어려울 것이다. 이글에서는 최근 발표된 동시를 대상으로 이들 작품이 현 상황을 어떻게 노래하고 있는지 살펴보려고 한다.

2.

지금도 지구에선 크고 작은 재난과 위기 상황이 전방위적으로 일어나고 있다. 유럽은 올여름 폭염으로 인해 벌써 수많은 사람이 사망하였고 파키스탄과 인도 등에서는 폭우로 많은 사람이 목숨을 잃거나 집을 잃었다. 올해 초 시작된 러시아와 우크라이나 간의 전쟁은 언제 끝날지 모르는 상황에서 수많은 희생자를 낳고 있다. 위기의 시대라는 말을 어렵지 않게 실감할 정도로 그 양상도 피해도 심각한 편이어서 시간이 흐를수록 사람들의 불안감이 증폭되고 있다.

그 가운데서도 현재 가장 관심을 끄는 것은 기후 변화이다. 이는 지구 대기 중 온실가스의 농도가 증가함으로써 발생하는데 산업혁명 이후 사용이 부쩍 늘어난 화석연료와 공장식 축산이 그 주범으로 꼽히고 있다. 즉 화석연료와 공장식 축산으로 인해 지구의 평균기온이 크게 높아짐으로써 지구온난화, 해수면 상승, 대기 흐름의 변화 등을 불러왔다. 그 결과 가뭄과 홍수, 폭염과 한파 같은 자연재해를 발생시키는데 그 피해가 막대할 뿐만 아니라 인류의 생존을 위협할 만큼 위협적이다.

햄버거 만들려고
13억 마리의 소를 키우네

열대림을 파괴해
목초지를 만들지만
소들은
엄청나게 먹고 엄청나게 똥을 싸
목초지를 사막으로 만드네

땅은 사막이 되어 황사를 만들고
소똥이 만든 메탄가스
하늘로 올라 지구온난화를 만들고

— 김영미, 「햄버거」 부분

북극곰은 으뜸 사냥꾼이야.
왜냐고?

달리기 으뜸 튼튼한 다리
작은 소리도 잘 듣는 귀
얼음 위를 잘 달리는 오돌토돌한 발바닥
물범을 한 방에 이기는 어마어마한 힘
영하 40도를 이겨내는 털과 피부

어때? 대단하지?
그런데 지구가 따뜻해지고 있어서
북극곰이 사라지고 있대.

어쩌지, 어쩌지?

— 조명숙, 「하얀 곰돌이, 북극곰」 전문

이들은 모두 기후 변화와 관련한 내용을 노래하고 있다. 「햄버거」는 공장식 축산이 기후 변화와 어떤 관련이 있는지 잘 보여준다. "햄버거"를 만들기 위해서는 "13억 마리의 소를 키"울 수 있는 엄청난 규모의 "목초지"가 필요하다. 그 과정에서 흔히 지구의 허파라고 불리는 "열

대립"의 파괴는 필연적일 수밖에 없다. 이 동시는 아이들이 평소 좋아하는 햄버거를 소재 삼아 자연이 파괴되는 과정을 구체적으로 묘사함으로써 기후 위기에 대한 경각심을 일깨워주고 있다. 「하얀 곰돌이, 북극곰」은 "지구가 따뜻해지고 있어서/북극곰이 사라지고 있대"에서처럼 최근 갑작스러운 기후 변화로 인해 빙하가 녹으면서 멸종 위기에 처한 북극곰의 안타까운 처지를 노래하고 있다. 이 동시는 기후 변화가 비단 인간뿐만 아니라 지구상에 존재하는 다른 동물들의 생존에도 큰 영향을 끼치고 있다는 점을 알려준다. 마지막 연의 "어쩌지, 어쩌지?"에는 북극곰의 안타까운 상황을 염려하는 화자의 마음이 잘 나타나 있다.

이처럼 이들 동시는 지구 대기 중 온실가스 농도의 증가에서 비롯된 지구온난화에 대한 문제를 다루고 있다. 두 작품 모두 표층 생태학의 관점에서 기후 변화의 위기 상황을 고발하고 있다. 생태적 상상력을 바탕으로 인간과 자연이 얼마나 긴밀한 관계를 맺고 있는지를 잘 보여준다. 다만 지나치게 목적성을 앞세운 탓에 문학성은 여느 작품들보다 상대적으로 부족한 편이다.

3.

지금까지 인간이 경험한 재난 및 위기 가운데 전쟁만큼 잔인하고 비극적인 사건은 없었다. 특히 제1차, 2차 세계대전처럼 국가와 국가 간의 전쟁이나 시리아와 보스니아처럼 자국 내 정치집단 간의 전쟁은 장기간 또는 대규모의 무력 충돌을 수반한다는 점에서 그 무엇에 견줄 수 없을 만큼 심각성이 크다. 더욱이 이들 전쟁의 주된 원인이 종교적·정치적·경제적 이념의 차이라는 점에서 즉 더 나은 인간의 삶을 위해 만들어진 이념이 도리어 인간을 억압하는 도구로 사용되고 있다는 사실이 더욱 슬프게 다가온다.

총알이 빗발치는 미얀마에
붉은 꽃이 피었습니다

탕! 탕! 탕탕탕! 탕!
총소리가 울려 퍼질 때마다

일곱 살 소녀, 킨 묘 칫
열네 살 소년, 뚠뚠 아웅
열다섯 살, 조 못 탯

반짝이는 눈망울
환하게 웃고 있는 아이들 가슴에도
붉은 꽃이 피었습니다

미얀마의 끔찍한 봄이 앗아간

자유와 평화의 꽃입니다

우리 다 같이 세 손가락 치켜들고

"경례"

- 박예분, 「미얀마 아이들」 전문

2021년 전 세계를 뜨겁게 달구었던 미얀마 시위는 미얀마 연방공화국에서 발생한 쿠데타에 대한 국민적 항의 시위이다. 그 과정에서 미얀마 군부의 총격으로 지금까지 약 2,000명 이상의 인명 피해가 발생했으며 그 가운데 상당수의 어린이가 목숨을 잃거나 중상을 입었다. 그와 같은 끔찍한 폭력으로 아직도 많은 어린이가 심각한 정신적 고통에 시달리고 있다. 이 동시는 미얀마의 시위 과정에서 희생당한 아이들을 노래하고 있다. "탕! 탕! 탕탕탕! 탕!/총소리가 울려 퍼질 때마다" 한 송이 "붉은 꽃"으로 스러져 간 "일곱 살 소녀, 킨 묘 칫/열네 살 소년, 뚠뚠 아웅/열다섯 살, 조 못 탯"의 넋을 위로하고 하루빨리 미얀마에 자유와 평화가 도래하기를 기원하고 있다.

총을 잡은 너의 손에

꽃을 쥐어 주고 싶다

돌을 쥔 너의 손에

연필을 쥐어 주고 싶다

그 연필로 꽃을 그리렴

네가 서 있는 거기부터

꽃향기 가득한

들판이었으면 좋겠다

— 박혜선, 「소년병에게」 전문

제목에서 보듯이 이 동시는 소년병에 대해 노래하고 있다. 흔히 소년병은 만 18세 미만의 나이가 어린 군인이나 그 또래의 아이들로 이루어진 군대를 말한다. 사실 이러한 소년병은 아주 오래전부터 존재해 왔으나 보편적 인권을 강조하는 오늘날에는 유엔아동권리협약에 명시되어 있을 만큼 이를 엄격하게 금지하고 있다. 하지만 이슬람 해방 전선 또는 미얀마 군부의 사례에서 보듯이 지금도 소년병 징집은 비교적 흔한 일이다. 이 작품에서 화자는 "총을 잡은 너의 손에/꽃을 쥐어 주고 싶다//돌을 쥔 너의 손에/연필을 쥐어 주고 싶다"에서처럼 강제적으로 징집되어 육체적·정신적으로 학대를 당하고 있는 소년병들을 안타깝게 바라보고 있다. 그러면서 그들이 서 있는 자리가 피비린내가 아닌 "꽃향기 가득한/들판이었으면 좋겠다"라고 말하고 있다.

이처럼 시적 상황은 다르지만 이들은 공통으로 전쟁의 비극성과 참혹성을 고발하고 있다. 특히 이들 작품은 모두 자신의 의지와 무관하게 어른들의 무지와 탐욕이 빚어낸 전쟁의 소용돌이 속으로 내몰려 목숨을 잃거나 언제 목숨을 잃을지도 모르는 위험한 상황에 놓인 아이들의 모습을 형상화하고 있어 비극성이 더욱 크게 다가온다. 하지만 이들 역시도 문학적 완성도 면에서는 다소 아쉽다는 생각이 든다.

4.
위기의 시대를 이야기할 때 빼놓을 수 없는 또 다른 하나는 바로 팬데믹이 아닐까 싶다. 팬데믹은 전 세계적으로 전염병이 크게 유행하는 현상으로 어느 특정한 지역 안에서만 유행하는 전염병과 달리 두 개 대륙 이상의 지역에 걸쳐 발병하는 특징이 있다. 팬데믹의 가장 대표적인 사례는 20세기 초반 전 세계를 공포에 떨게 했던 스페인 독감으로 당시 사망자가 5,000만 명에 달했다. 또한 2009년에 널리 유행했던 신종인플루엔자로 인해 수십만 명이 사망하기도 했다.
2019년 중국 우한에서 처음 발생한 이후 현재 세계를 강타하고 있는 '코로나-19'는 바이러스성 호흡기 질환으로 전염성이 높을 뿐만 아니라 시간이 지나면서 다양한 변이종을 발생시킨다는 점에서 더욱 위협적인 질병이라고 할 수 있다. 발생 후 불과 3년 만에 전 세계 확진자가 4억 명에 이를 정도로 그 전파력이 상당한 것이 특징이다. 올해 들어 다소 기세가 꺾이기는 했으나 최근 다시 신규 확진자가 증가함으로써 이에 대한 사람들의 불안감이 점차 커지고 있다.

버스도 지하철도
골목도 네거리도

사람은 하나 없고
마스크 한 유령들뿐

제 모습 애써 감추며
서로서로 피하네.

- 박방희, 「처음 보는 풍경-코로나 봄 2020」 전문

코로나-19는 정치·경제·사회·문화·교육 등 거의 모든 영역에서 인간의 삶을 획기적으로 바꾸어 놓았다. 학교는 비대면 수업방식 즉 줌을 활용한 실시간 쌍방향 수업을 도입하였으며, 명절에도 비대면 명절 분위기에 맞춰 온라인으로 차례를 지내는 이색적인 풍경이 연출되기도 하였다. 게다가 이 동시에서 보는 것처럼 감염을 예방하기 위해 마스크 착용이 의무화되면서 "버스도 지하철도/골목도 네거리도" 온통 "마스크 한 유령들뿐"인 세상으로 바뀌었다. 지금은 많이 누그러졌지만 발생 초기만 해도 코로나-19는 그야말로 극도의 공포 그 자체였

다. 마지막 연의 "제 모습 애써 감추며/서로서로 피하네."는 당시의 그와 같은 사회적 분위기를 잘 묘사하고 있다.

코로나19 때문에

두 시간씩 줄을 서서 마스크를 샀는데

어제는

늦게 온 사람이 끼어들어

싸움도 일어났다는데

힘들게 산 마스크를

경비원 아저씨께 드렸다고 한다.

택배 아저씨께 드렸다고 한다.

마스크 2장

봄은 그 안에서 피어나고 있었다.

— 박선미, 「봄」 전문

이 동시도 앞의 작품과 마찬가지로 코로나-19 발생 후 벌어진 하나의 풍경을 형상화하고 있다. "코로나19 때문에/두 시간씩 줄을 서서 마스크를 샀는데"에서처럼 코로나-19 발생 초기 전국적으로 때아닌 마스크 대란이 일어났다. 갑작스러운 등장과 빠른 확산으로 마스크가 절대적으로 부족한 상황이 되자 서로 먼저 마스크를 사려는 사람들 간에 싸움이 벌어지는 진풍경을 낳기도 했다. 하지만 "힘들게 산 마스크를/경비원 아저씨께 드렸다고 한다."에서처럼 다른 한편에선 자기보다 더 어려운 환경에 있는 사람들에게 애써 구한 마스크를 선뜻 나누어주는 아름답고 따스한 장면이 등장하기도 했다. 어렵고 힘들수록 서로 의지하고 함께 힘을 모아 난관을 헤쳐나가는 우리 민족의 전통을 잘 담아내고 있다.

거리 두기가 끝나면
우리 가까워질까요

지금처럼
거리를 두고
지내진 않을까요

우리 사이에 쌓인
벽돌 같은 시간
그대로 놓고도
떨어져 지냈으니까요

거리를 두지 않았으면

몰랐을까요

어쩌면 우리 거리

생각만큼 가깝지

않았나 봐요

— 문현식, 「거리를 둘까요」 전문

이 동시는 같은 소재를 다루고 있으면서도 앞의 두 작품과는 성격이 조금 다르다. 앞의 동시들이 코로나-19와 관련한 풍경 혹은 사건을 그저 피상적으로 그려내고 있는 것에 반해 이 동시는 다른 각도에서 코로나-19와 관련한 문제에 접근하고 있다. "거리 두기가 끝나면/우리 가까워질까요"에서처럼 이 작품에서 화자는 코로나-19로 인한 사회적 거리 두기가 인간관계를 개선하는 데 도움이 될 것인지에 관해 질문하고 있다. 그런 다음 "지금처럼/거리를 두고/지내진 않을까요"에서 보는 것처럼 설령 사회적 거리 두기가 해제되어도 상황은 그다지 나아지지 않을 것이라는 부정적인 견해를 보이고 있다. 왜냐하면 문제의 핵심은 사회적 거리 두기와 같은 물리적 조건이 아니라 "우리 사이에 쌓인/벽돌 같은 시간"으로 비유된 정서적 거리이기 때문이다. 어린 독자들에게는 다소 어렵게 느껴질 수도 있지만 어쩔 수 없이 타인 또는 조직과 상호관계를 맺으며 살아갈 수밖에 없는 사회적 존재로서 많은 생각을 하게 만든다.

이 외에도 "눈 찔릴 뻔한 게 한두 번이 아니에요 검은 날개 펼치면 작은 발톱이 엄청/날카롭거든요/그걸 모르는 어른들이 박쥐 잡아 날것으로 드셨다는 말 있어요//코로나19 바이러스/보슬비가 지금 온통 지구를 덮고 있어요"(장옥관, 「우산이 성낼 때」), "우리 할머니가/옛날 옛적에 개발한//빨간 백신 팥죽,/한 솥 팔팔팔 끓여서//마을 입구 정자나무에서부터/대문마다 뿌리고 다닐 거야/코로나19/기겁하고 내빼겠지."(서담, 「빨간 백신」) 등 최근 발표되는 동시들을 보면 코로나-19와 관련된 작품이 자주 발견된다. 하지만 그 가운데 소수를 제외하고는 내용과 형식 면에서 아쉬운 부분이 적지 않다.

5.

지금까지 최근 발표된 동시를 중심으로 이들이 오늘날 인류가 직면한 위기 상황을 어떻게 인식하고 그것을 어떤 방식으로 풀어내고 있는지를 살펴보았다. 여기에서는 편의상 위기 상황을 기후 변화와 전쟁, 팬데믹으로 나누어 논의를 진행했다. 그 결과 다른 장르와 마찬가지로 동시도 다양한 방식으로 오늘날의 위기 상황을 담아내고 있다는 것을 알 수 있었다. 이는 과거뿐만 아니라 오늘날까지도 문학과 사회는 여전히 밀접한 관계를 맺고 있으며, 작품을 생산하고 소비하는 과정에서 사회의 영향력이 무척 크다는 점을 다시 한번 확인할 수 있었다.

다만 이들 동시는 아이들이 주된 독자라는 장르적 특성 때문인지 앞서 언급한 것처럼 내용과 형식, 기교와 완성도 면에서 아쉬운 점이 많았다. 어른과 달리 아이들의 경우 아직 성장기에 있는 까닭에 아주 사소한 경험만으로도 심리 및 가치관에 큰 변화를 일으킨다. 따라서 지금과 같은 위기 시대를 살아가는 아이들을 위한 문학이라면 좀 더 신중하게 그와 같은 문제에 접근할 필요가 있다. 그런데도 상당수의 작품이 문제의 본질에 이르지 못하고 현재의 위기 상황을 지나치게 피상적으로 접근하고 있다는 생각이 든다.

이 글에서는 다루지 못했지만 "베어지고 불에 타고/숲들이 사라지는 건 폐암이다//막히고 돋아지고/갯벌이 마른땅 된 건 간암이다//갇히거나 말라가고/강이 흐르지 못하면 위암이다//(중략)//개발과 매연, 쓰레기에 시달리다/지구의 병이 깊어져가는 거다//욕심 많은 사람이 그 병균이라 한다/지구에겐 병원도 의료보험도 없다"(안학수, 「지구가 많이 아프다」)도 눈여겨볼 필요가 있다. 특히 이 동시는 여느 작품과 달리 오늘날의 위기를 불러온 주된 원인을 자본주의와 인간중심주의에서 찾고 있는 점이 인상적이다.

현대 동시에 나타난 생태적 상상력

1. 기후 위기의 시대와 생태 동시

과거는 물론 현재도 문학과 사회는 아주 밀접한 상호관계를 유지하고 있다. 이는 사람마다 다소 차이가 있을지언정 누구나 인정하는 사실이다. 실제로 문학의 생산과 수용에 있어서 사회의 영향력은 거의 절대적이다. 이와는 반대로 문학이 사회에 커다란 영향력을 행사함으로써 기존의 체제를 유지하거나 변화시키는 등 중요한 사회적 기능을 담당하기도 한다. 그런 점에서 이와 같은 문학사회학의 관점으로 현대 동시에 나타난 생태 의식을 살펴보는 것은 상당한 의미가 있다. 왜냐하면 동시는 아이들에게 읽힐 목적으로 창작되는 것으로 효용성 측면에서 오늘날과 같은 심각한 기후 위기의 시대를 살아가는 아이들의 삶과 가치관에 많은 영향을 주기 때문이다.

1990년대 중반 우리 문학에서 본격적으로 생태 문학에 대한 논의가 시작된 이후 그동안 생태 문제와 관련한 다양한 형태의 작품과 연구들이 꾸준히 발표되고 있다. 이는 동시의 경우도 예외가 아니어서 김숙분·조연환의 『쇠똥구리는 똥을 더럽다고 안 하지』(가문비, 2006)와 임신행의 『우포늪 아이들 노래』(해성, 2015), 박혜선의 『쓰레기통에 잠들다』(청년사, 2017) 등이 '생태동시집', '자연생태동시집', '환경동시집'과 같은 이름으로 출간되었다. 또한, 대표적인 연구물로는 이정석의 『생태주의 아동문학과 해학의 동심』(아동문학평론, 2009)과 진선희의 「1970년대 이후 동시의 생태학적 상상력」(『한국아동문학연구』 제21호, 한국아동문학학회, 2011) 등이 있다.

이 글에서는 그와 같은 기존의 성과를 바탕으로 현대 동시에 나타난 생태적 상상력을 알아보고 이들 동시가 지닌 의미와 가치를 살펴보려고 한다. 논의의 편의상 분석 대상은 1990년대 이후에 발표된 작품으로 한정하고자 한다. 물론 그 이전에 발표된 동시 중에서도 문학 생태학의 범주에서 논할 만한 작품이 적지 않다. 하지만 자연 친화적 성격을 지녔다는 이유만으로 이들 작품을 모두 논의에 포함한다면 생태 동시의 정의가 모호해질 위험성이 있다. 여기에서는 생태 문학의 개념과 정의에 부합되는 작품들 즉 오늘날 환경문제의 심각성을 드러내고 인간과 자연의 조화를 지향하는 생태학적 세계관을 담고 있는 동시들만을 대상으로 논의를 전개하려고 한다.

2. 자연 파괴와 현대문명의 비판

이미 여러 사람이 지적한 바와 같이 지난 20세기 인류는 역사상 그 유래를 찾아볼 수 없는 물질적 풍요를 누렸지만 그 대가는 참으로 혹독했다. 고도의 과학기술과 자본주의를 중심으로 한 그와 같은 물질문명은 필연적으로 자연 파괴와 환경오염을 동반했다. 그 결과 오늘날 인류는 어느덧 자신의 존폐를 걱정할 만큼 심각한 생태 위기를 겪고 있다. 생태학과 경제학의 조화로운 공존을 목적으로 설립된 비영리 법인 'Think the Earth'에서 펴낸 『100년 동안 인간이 저지른 가장 어리석은 짓들』(나무를심는사람, 2004)에는 물과 대기, 삼림과 동물, 전쟁과 빈곤 등 지난 20세기 인류에 의해 무참히 파괴된 자연과 살육의 실상을 적나라하게 보여줌으로써 커다란 충격을 준다.

일찍이 아르네 네스(Arne Naess)는 환경문제에 접근하는 방식으로 '표층 생태학'(the shallow ecology)과 '심층 생태학'(the deep ecology)을 구별해야 한다고 주장했다(김욱동, 『문학 생태학을 위하여』, 민음사, 1998, 32쪽 참조). 이에 따르면 표층 생태학은 생태계 파괴에 따른 부정적 현실 인식을 바탕으로 자연 파괴 및 환경오염의 실태를 직접 고발하는 반면, 심층 생태학은 현실에 대한 부정적 인식은 공유하되 비교적 온건한 어법으로 인간과 자연 사이의 조화를 강조하는 형태를 띤다. 이들은 오늘날 생태 문학의 성격을 가르는 대표적인 두 가지 유형이다.

가을, 겨울지나 봄은 다시 오는데도
버즘나무는 묵은 열매를 꼭 잡고 서 있다.
오수와 폐유에 절은 땅 어디에도
씨앗이 싹틔워 살아남을 곳은 없기에
버즘나무는 열매를 놓아줄 수가 없다.

길은 아스팔트로 덮어 차들에게 주고
한 뼘 갓길에 불안하게 서 있는 나무

― 김종상, 「버즘나무」 부분

햄버거 만들려고
13억 마리의 소를 키우네

열대림을 파괴해
목초지를 만들지만
소들은
엄청나게 먹고 엄청나게 똥을 싸
목초지를 사막으로 만드네

땅은 사막이 되어 황사를 만들고

소똥이 만든 메탄가스

하늘로 올라 지구온난화를 만들고

— 김영미, 「햄버거」 부분

이들은 모두 표층 생태학의 입장에서 자연 파괴의 실상을 고발하고 있다. 「버즘나무」는 "오수와 폐유"에 오염되어 그 어디에도 "씨앗이 싹 틔워 살아남을 곳"이 마땅치 않은 버즘나무의 처지를 노래하고 있다. 자신의 터전을 "아스팔트"에 내어주고 "가을, 겨울지나 봄은 다시 오는데도" 새싹을 피우지 못하고 "묵은 열매를 꼭 잡"은 채로 "한 뼘 갓길에 불안하게 서 있는 나무". 이 동시는 환경오염으로 고통받고 있는 버즘나무를 내세워 생태의 중요성을 강조하고 있다. 「햄버거」는 이윤을 위해서라면 어떠한 희생도 마다하지 않는 자본주의의 속성을 비판하고 있다. "햄버거"를 만들기 위해서는 "13억 마리의 소를 키"울 "목초지"를 만들어야 하는데 그 과정에서 "열대림"의 파괴는 필연적으로 뒤따를 수밖에 없다. 하지만 문제는 거기서 끝나지 않는다. 어렵게 목초지를 만들어도 소들이 배출하는 "똥"은 목초지를 사막화하거나 지구온난화를 만들어 가뭄과 홍수, 산사태와 해일 등의 이상기후를 발생시킨다. 이 동시는 우리가 평소 즐겨 먹는 햄버거를 소재로 해서 앞의 동시와는 또 다른 재미를 불어넣고 있다. 〈햄버거-소-열대림-목초지-사막화-황사-지구온난화〉로 이어지는 생태적 상상력은 인간과 자연,

생명과 생명이 얼마나 긴밀한 관계를 맺고 있는지를 잘 보여준다.

향유고래 뱃속에서 나온

밧줄
그물
페트병
비닐봉지
플라스틱 컵
100kg

우리가 써야 할
반성문의 무게

— 박선미, 「반성문」 전문

주지하다시피 자본주의는 대량생산과 대량소비를 기반으로 한다. 따라서 그와 같은 경제체제를 유지하는 한 자연 파괴 및 환경오염의 문제는 피할 수 없다. "향유고래 뱃속에서 나온//밧줄/그물/페트병/비닐봉지/플라스틱 컵/100kg"에서처럼 이 동시는 인간이 쓰고 버린 각종 쓰레기로 인해 생명을 위협받고 있는 바다 생물들의 실상을 고발하고 있다. 이미 여러 경로를 통해 보고된 바와 같이 오늘날 바다 쓰레기의 문제는 우리가 생각하는 것 이상으로 심각하다. 사람의 발길이 거의 닿지 않은 북극의 심해도 이미 플라스틱으로 오염되었다는 연구 결과가 모 신문에 소개되기도 했다. 이 동시에서 화자는 바다 쓰레기를 먹잇감으로 알고 삼켰다가 죽은 향유고래의 배에서 나온 쓰레기의 양을 "우리가 써야 할/반성문의 무게"라고 일갈함으로써 오늘날 우리 인류가 직면한 생태적 위기에 대한 경각심을 일깨워주고 있다.

3. 상생과 인간 중심주의 비판

표층 생태학은 파괴된 자연의 실상을 고발하여 생태 문제를 해결하는 데 주력해 왔다. 이는 생태 문학 초창기부터 시작해 지금까지도 가장 흔히 발견되는 생태 동시의 대표적인 유형으로 앞서 살펴본 작품들이 그 대표적인 예이다. 하지만 이러한 접근법은 생태 문제를 해결하는 데에는 일정한 한계가 있다. 즉 오염되고 파괴된 생태계 현장을 사실적·직접적으로 표현함으로써 일시적으로 주의를 환기하고 파괴된 생태 현장을 개선하는 효과는 있지만 근본적으로 문제를 해결할 수 있는 대안은 되지 못한다. 왜냐하면 오늘날의 생태 위기는 과학기술에 대한 지나친 낙관, 물질문명에 대한 과도한 욕망 등 인간의 내적 동기에서 기인하는 바가 크기 때문이다.
심층 생태학은 그와 같은 표층 생태학의 한계를 보완하기 위해 마련되었다. 즉 표층 생태학의 한계로 지적되었던 인간 중심주의를 비판하고 생물 평등주의와 같은 좀 더 근원적인 차원에서 인간과 자연이 조화롭게 공존할 수 있는 길을 모색하는 과정에서 등장했다. 이는 그저 단순히 자연을 물질로만 바라보는 인간의 시각이 획기적으로 변하지 않는 한 현재의 생태적 위기 상황을 타개할 방도가 없다는 자각에서 비롯된 것이다. 아울러 개인적인 감정과 정서를 주관적으로 표현하는 시 장르의 특성상 직접적인 방법으로 독자에게 메시지를 전달하기보다 그들의 감수성에 호소하는 편이 더욱 효과적인 방법이라는 점도 어느 정도 작용했을 것으로 보인다.

　샘 도랑에
　뜨건 물 버릴 때면,
　훠어이 훠어이
　소금쟁이 실지렁이 애기물방개
　어서 빨리 피하라고.

　보리 베기 전날
　보리밭에 가서,
　훠어이 훠어이
　벌레며 들쥐며 개구리 가족
　어서 빨리 이사 가라고.

　　　　　　　　－ 이정록,「훠어이 훠어이」전문

동양에서는 전통적으로 일원론적 세계관을 취해왔다. 그 결과 이원

론적 세계관을 지닌 서양과는 자연을 인식하는 방법이 다르다. 불교의 핵심 교리인 연기법(緣起法)으로 대표되는 일원론적 세계관에서는 자연을 착취와 정복의 대상이 아니라 인간과 대등한 존재로서 존중해야 할 대상으로 인식한다. 그런 점에서 동양적 세계관과 심층 생태학은 유사한 면이 많다. 이 동시는 생물 평등주의를 기반으로 해서 창작된 작품이다. "샘 도랑에/뜨건 물을" 버리거나 "보리밭에 가서" 보리를 베기 전에 행여나 그곳에 깃들어 사는 "소금쟁이 실지렁이 애기물방개"와 "벌레며 들쥐며 개구리 가족" 등의 미물에게 해를 입히지 않을까 염려하는 마음이 잘 나타나 있다. 화려하지는 않지만 그 어떤 작품보다도 훌륭하게 독자의 내면에 잠들어 있는 생태적 감수성을 일깨워 준다.

개 한 마리
찻길 한가운데 갇혀 있다

가랑이 사이에 꼬리를 찰싹 붙이고
건너갈 듯하다 멈추고
건너갈 듯하다 멈춘다

쌩쌩 달리는
차와 차 사이

뚫고 나아가지 못하고 있다

차들끼리만 지키는 안전거리
개한테는 너무 좁다

- 곽해룡, 「안전거리」 전문

꼬리가 멋지니까
'물꼬리'라고 부르면 어떨까
나뭇잎을 닮았으니
'물이파리'라고 부르면 어떨까

어떤 이름이라도 좋아
'고기'가 아닌 다른 이름으로
불렀으면

- 전자윤, 「물고기」 전문

 심층 생태학은 자본주의와 더불어 인간 중심주의를 환경 파괴의 주범으로 간주한다. 실제로 인간 중심적 세계관은 그동안 인간이 자연을 착취하고 파괴하는 행위를 정당화하는 주요한 근거로 제공되었다. 하지만 최근 심층 생태학의 등장과 함께 이에 대한 비판이 거세지고 있다. 「안전거리」는 오늘날의 도시 문명이 얼마나 인간 중심적으로 설계

되어 있는지를 알게 해준다. "차들끼리만 지키는 안전거리/개한테는 너무 좁다"에서처럼 오늘날의 도시는 대부분 인간의 편의에 맞게 설계되어 있다. 그런 만큼 다른 생명이 살기에는 그 환경이 너무나 척박하다. 「물고기」는 일종의 역할 바꾸기를 통해 인간 중심적 사고를 비판하고 있다. 이 동시에서 화자인 물고기는 자기 이름이 영 못마땅하게 생각한다. 멋진 이름도 많은데 하필 '식용할 수 있는 각종 짐승의 살'을 뜻하는 "고기"라니. 사실 '이름 붙이기'는 어떤 대상에게 의미를 부여하는 행위이다. 하지만 그것이 누구에게나 유쾌한 것은 아니다. 왜냐하면 어떤 개념이나 틀 안에 대상을 가둬버림으로써 진실을 은폐하기 때문이다. 이들 동시는 그와 같은 인간 중심적 사고가 다른 존재들에게 일종의 폭력으로 작용할 수도 있다는 것을 보여준다.

4. 인간과 동물, 새로운 관계 맺기

생태주의를 표방하는 시의 유형 살펴보면 크게 네 가지로 구분할 수 있다. 그 가운데 두 가지는 앞에서 언급한 표층 생태학과 심층 생태학에 기반을 두고 창작된 작품들이고 다른 두 가지는 생태 여성주의와 대안적 생태사회를 바탕으로 창작된 작품이다. 연구자마다 다소 차이가 있지만 대체로 이와 크게 다르지 않다. 하지만 동시에 있어서는 사정이 조금 다르다. 어린이라는 특정 독자를 대상으로 창작되는 동시의 특성상 뒤의 두 가지 유형 즉 생태 여성주의와 대안적 생태사회를 노래한 작품은 찾아보기 힘들다. 부정적 현실 인식을 바탕으로 자연 파괴의 실태를 날카롭게 지적하거나 생물 평등주의를 바탕으로 인간과 자연의 조화를 추구하는 작품들이 생태 동시의 대부분을 차지하고 있다.

그런데 최근 생태주의적 관점에서 인간과 반려동물의 관계를 조명하는 동시들이 발표되어 눈길을 끈다. 이는 2000년을 전후로 활발해진 동물권 및 동물 담론과 밀접한 관련이 있다. 농림축산식품부에 따르면 2015년 기준으로 반려동물을 키우는 가구 수가 457만에 달한다. 이는 다섯 가구 중 한 가구가 반려동물을 키우는 것으로 그동안 반려동물에 대한 사회적 인식에 큰 변화가 생겼다는 것을 말해준다. 실제로 반려동물을 키우는 사람들을 보면 1인 가구와 핵가족이 차지하는 비중이 높다. 이런 사실은 외로움을 달래기 위해 반려동물을 키우는 사람이 적지 않으며 그런 만큼 점차 반려동물을 가족처럼 여기는 사람이 부쩍 늘어나고 있다는 것을 알게 해준다.

    그렇게 버릴 거면
    데려가지 말지
    잘해 주지 말지
    밥도 주지 말지

한산한 국도 옆에 버려진 개는

사라지는 자동차 뒤꽁무니를 쫓다가

헐떡거리다가

멍하게 있다가

몸도 마음도 흙투성이가 되었을 때

비로소 거친 울음소리가 나왔어요

그럴 거면

가슴속에

다정한 목소리 새겨 두지 말지.

— 김정신, 「그럴 거면」 전문

  하지만 반려동물을 기르는 사람이 증가하면서 그에 비례하여 생각지 않았던 부작용들이 발생함으로써 또 다른 사회문제를 낳고 있다. 이 동시는 "한산한 국도 옆에 버려진 개"를 통해 인간과 반려동물 간의 관계에 대해 많은 것을 생각하게 만든다. 1연의 "그렇게 버릴 거면/데려가지 말지/잘해 주지 말지/밥도 주지 말지"에서처럼 이 동시에서 화자는 자신이 기르던 개를 끝까지 책임지지 않고 길에 유기한 주인을 원망하고 있다. 어떤 이유로 개가 버려졌는지에 대한 자세한 정보가 없어 자세히는 모르지만 "사라지는 자동차 뒤꽁무니를 쫓다가/헐떡거리다가/멍하게 있다가"를 반복하는 개의 행동으로 보아 주인과의 사이가 썩 나쁘지는 않았던 것 같다. 그런데도 어느 날 갑자기 개가 영문도 모른 채 주인에게 버림받았다는 사실은 여전히 둘 사이에 지배적 관계가 남아있다는 것을 말해준다. 이처럼 이 동시는 단순히 동물을 소재 삼아 쓴 동시들과 달리 윤리적 측면에서 동물을 바라본다. 이를 통해 인간과 반려동물 간의 관계를 생태적 관점에서 새롭게 사유하고 재구성할 것을 요구하고 있다.

    작은 게 좋아서
    컵 속에 쏘옥 들어가는
    강아지가 나오고
    컵 속에 쏘옥 들어가는
    고양이가 인기다

    작으면 밥도 조금 먹고
    똥도 조금 싸서
    키우기 좋단다

    그렇게 작은 게 좋으면
    개미를 키우지 그래

                    - 이묘신, 「작은 게 좋으면」 전문

그 점은 이 동시도 크게 다르지 않다. "컵 속에 쏘옥 들어가는/강아지가 나오고/컵 속에 쏘옥 들어가는/고양이가 인기다"에서처럼 이 작품은 반려동물을 마치 장난감처럼 여기는 사람들의 행태를 비판하고 있다. 물론 반려동물이 "작으면 밥도 조금 먹고/똥도 조금 싸서/키우기 좋"은 것은 분명한 사실이다. 하지만 이는 다분히 인간 중심적이고 생태적 사고와는 거리가 먼 것이다. 왜냐하면 생태주의는 기본적으로 생물학적 약자의 편에 서서 그들의 다양성을 존중하고 생태적 인식을 바탕으로 인간과 자연이 공존하는 세계를 지향하기 때문이다. 그런 점에서 "인간의 시선으로 동물을 대상화하거나 묘사하는 데 그치지 않고 인간과 동물의 상호애정에 기반을 둔 '잡종공동체'를 지향할 필요가 있다."(나희덕, 「인간-동물의 관계론적 사유와 시적 감수성」, 『문학과 환경』 20권 2호, 문학과환경학회, 2021, 70쪽)는 지적은 경청할 만하다는 생각이 든다.

5. 생태 동시의 현재와 미래

그 어느 때보다 심각한 생태 위기를 맞아 전 지구적 차원에서 이를 극복하려는 움직임들이 활발히 이루어지고 있다. 이는 오늘날의 환경 문제가 우리가 생각하는 것 이상으로 훨씬 좋지 않은 상태에 처해있다는 것을 뜻한다. 그런 의미에서 사회와의 상호작용을 통해 끊임없이 자신의 존재 가치를 입증해 온 문학이 지금의 위기 상황을 공유하고 이를 극복하기 위해 노력하는 것은 너무나도 당연한 일이다. 더욱이 동시의 경우는 미래 세대의 주인공인 아이들의 정서와 감수성 발달에 많은 영향을 준다는 점에서 생태 동시에 대한 중요성은 더욱 커질 수밖에 없다.

하지만 현재의 생태 동시는 기대만큼의 성과를 보여주지 못하고 있다. 물론 이전보다 많이 나아지긴 했으나 앞서 살펴본 것처럼 발표되는 작품 수도 적고 내용도 지나치게 한정적이다. 이는 동시를 쓰는 시인이 적은 탓이기도 하지만 현 상황에 대한 시인들의 위기의식 부재와 안일한 창작 태도에서 비롯된다. 비록 동시의 주된 독자가 아이들이긴 하지만 그들이 살아가는 세상은 어른들과 별반 다르지 않다. 생태여성주의와 대안적 생태사회 등 아직도 관심을 가져야 할 분야가 많이 있다. 동시가 진정한 미래 문학으로 그 가치를 인정받으려면 지금의 자리에 만족하지 말고 현실 문제에 더욱 적극적으로 대처해 나갈 필요가 있다.

동시와 관련한 몇 가지 짧은 생각

1.

지난여름 발간된 문예지에는 동시와 관련해 눈여겨볼 만한 글이 많았다. 그 가운데 김유진의 「동시에 관한 생각 VS 생각」(《동시발전소》), 김제곤의 「동시 100년, 도전과 변모의 발자취」(《어린이와 문학》), 송선미의 「동시 비평의 최근 동향과 새로운 전망-동시의 놀이 가능성을 위한 몇 가지 접근」(《동시마중》), 신정아의 「우리나라 동시 문학 연구 동향」(《아동문학평론》), 이주영의 「동시, 스며들고 솟아나고 흐르기」(《동시 먹는 달팽이》) 등을 인상 깊게 읽었다.

이들은 각각 동시의 본질, 한국 동시의 변천사, 주요 쟁점, 연구사 등 소중한 정보를 제공하고 있다. 동시를 바라보는 필자의 관점이나 입장에 따라 다소 차이가 있지만 오랜 시간 동시에 애정을 갖고 진지하게 탐구하고 숙고해서 나온 결과물로 동시를 공부하는 데 많은 도움을 준다. 특히 김유진과 송선미의 글은 동시와 관련한 주요 쟁점을 정교하고 촘촘하게 다루고 있어 동시에 관심이 있는 사람이라면 한 번쯤 읽어볼 만한 가치가 있다.

그런데 사실 이들이 다루고 있는 쟁점은 새로운 것이 아니다. 그것은 모두 동시의 독특한 성격에서 비롯한 것으로 애초 정답이 존재하지 않는다. 흔히 동시는 어른인 시인이 아이들을 위해 그들의 사고와 정서에 맞게 쓴 시로 정의된다. 하지만 하워드 베커의 말처럼 '예술의 정의'는 사회적으로 정의되므로 항상 일치하는 정의는 없다.(빅토리아 D. 알렉산더, 『예술사회학』, 살림, 2010, 31쪽) 이는 동시도 결코 예외가 아니다. 사람들이 동시를 어떻게 정의하고 아이들의 존재를 어떻게 받아들이느냐에 따라 그 성격이 크게 달라진다. 따라서 한마디로 동시를 규정하는 것은 불가능한 일이다.

그렇다고 그와 같은 논의가 전혀 쓸모없는 것은 아니다. 한국현대문학사가 근 10년을 주기로 그 흐름을 바꿔온 것처럼 그동안 우리 동시는 시대와 상호작용하며 끊임없이 변화해 왔다. 그리고 그 변화의 중심에는 1920년대의 창작동요 운동, 1930년대의 자유시 운동, 1940년대의 단시(短詩) 운동, 1960년대의 본격 동시 운동 등이 있었다. 그 과정에서 시인들 사이에 갈등이 발생 등 여러 문제점을 노출하기도 했지만 결과적으로 이러한 논의는 우리 동시의 지평을 확대하는 데 크게 일조했다.

그런 점에서 최근 우리 동시단에 일고 있는 변화의 바람은 지극히 자연스럽고 바람직한 현상이다. 일부에서는 그것에 대해 다소 불편한 눈으로 바라보기도 하지만 모든 역사는 도전과 모험에 의해 추동되었다. 인간이든 문학이든 이 세상에 변화하지 않는 것은 없다. 변화한다는 것은 곧 살아있다는 증거이다. 따라서 그것이 비록 자신의 문학적 성향이나 신념과 다르다 해도 무턱대고 비난하거나 배척하기보다는 비판적으로 수용할 필요가 있다.

2.

이천년대 중후반 큰 반향을 불러일으켰던 최승호의 말놀이 동시집과 김이구의 평문 「해묵은 동시를 던져버리자」에 자극받은 일군의 시인들로부터 촉발된 변화의 움직임은 빠른 속도로 우리 동시의 지형을 바꾸어놓고 있다. 이들은 기존의 동시와 차별되는 작품을 선보이며 그동안 우리 동시의 변화를 주도해 왔다. 이후 동시 전문지의 창간으로 발표 지면이 확대되면서 더욱 빠르게 확산되어 이제는 어느 지면에서나 그와 같은 작품을 한두 편쯤은 어렵지 않게 만날 수 있다.

넓은 요 한 장 위에 나랑 동생
분홍 이불을 덮고 쿨쿨 자고 있는데
요
아빠가 들어와서

요 끝을 잡고

둘둘

말았어

요

꺄아-꺄 깔깔 소리를 지르며

우리는 깨소금 맛이 나는 김밥 속이 되었어

요

"어디 맛있는지 한 번 먹어볼까?"

아빠가 입을 떡 벌리자

이상하게도

우리가 김밥인데 김밥이 먹고 싶어지는 거 있지

요?

    - 김준현, 「요를 둘둘 말아요」 전문(《어린이와 문학》, 2021, 여름)

내 몸은

노랗거나

검붉거나

파르스름한 물감들로

얼룩져 있어요

긴 옷에 가려
보이지 않지만
그렇다고 누구에게
말할 수도 없어요

아빠가 더 사나워질까 봐
내 몸에 또 얼룩이 생길까 봐
　　- 소리, 「내 몸은 팔레트」 전문(《동시 먹는 달팽이》, 2021, 여름)

친구네 집에 걸린 그림을 봤다
'이것은 파이프가 아니다'

그렇게 당당하게 거짓말을 할 수 있다니
그림 속엔 분명 파이프가 있었는데
진짜 파이프보다 더 생생한 그림이었는데

글자는 그림에게 질투가 났던 걸까

아무리 아니라 해도 그건 파이프일 테지만
글자가 할 수 있는 건 그것밖에 없었을 테니까

나도 그런 적 있거든
늘 주위에 친구들이 서성대곤 하는
너무 예쁜 친구 하나가
너무 예뻐 보여서

틈날 때마다 몰래 어깨를 부딪치고
시시때때 개 흉을 보고 다녔거든

그런데도 친구는 그대로였다
나 같은 건 상관없이 반짝이기만 했다
　　- 희음, 「이것은 파이프가 아니다」 전문(《동시마중》, 2021, 5-6월)

　이들은 최근 발표된 것으로 기존의 동시와는 확연히 다르다. 세 시인 모두 2010년 이후 시와 동시로 등단했으며 김준현을 제외하고는 아직 동시집을 출간한 경험이 없는 신인들이다. 그런 만큼 최근 우리 동시의 흐름과 경향, 새롭게 등장한 시인들의 동시에 대한 인식을 파악하는 데 적합한 인물들이다. 물론 이들의 작품만으로 그것을 논의하기에는 분명 한계가 있다. 하지만 최근 우리 동시의 변화된 모습을 확인하는 데에는 큰 무리가 없다고 생각한다.
　김준현의 「요를 둘둘 말아요」는 단어에 변화를 주어 시적 재미를 유발하고 있다. "분홍 이불을 덮고 쿨쿨 자고 있는데/요"에서처럼 시인은 의도적으로 접미사 '-요'를 어기(語基)로부터 떼어내어 따로 한 행을 구성하고 있다. 즉 아이들의 김밥 놀이에 사용되는 침구의 한 종류인 '요'와의 음성적 공통점을 활용하여 시의 형식에 변화를 꾀하고 있다. 소리의 「내 몸은 팔레트」는 가정 폭력을 노래한 작품이다. "내 몸은//노랗거나/검붉거나/파르스름한 물감들로/얼룩져 있어요"에서처럼 이 작품은 아빠의 폭력으로 온몸에 멍이 든 아이의 몸을 '팔레트'에 비유하여 표현하고 있다. 시적 상황이 아이의 입을 통해 진술되어 더욱 가슴 아프게 다가온다. 희음의 「이것은 파이프가 아니다」는 화가 르네 마그리트의 대표작인 〈이미지의 배반〉을 빌려와 사춘기 아이의 질투심을 노래하고 있다. 아무리 파이프가 아니라고 말해도 그림 속 파이프가 "진짜 파이프보다 더 생생한 그림"인 것처럼 아무리 부정해도 "나 같은 건 상관없이 반짝이기만" 한 너무 예쁜 친구에 대한 화자의 심정을 잘 표현하고 있다.

이처럼 최근의 동시는 내용이나 형식, 장치나 기법 면에서 기존의 동시와 큰 차이가 있다. 이들은 섣불리 어떤 가치나 이념을 내세워 아이들을 재단하거나 속박하지 않는다. 또한 기존의 동시에서 금기시했던 형식이나 소재의 선택에도 거리낌이 없다. 그 때문에 이전보다 아이들과 소통할 가능성이 훨씬 커졌다. 그동안 많은 사람이 지적했듯이 우리 동시가 오랫동안 독자에게 외면받은 것은 소통 부족에 그 원인이 있다. 급격한 사회 변화로 오늘날 아이들의 의식과 정서가 과거와 크게 달라졌음에도 우리 동시는 그들의 요구에 부응하지 못했다. 이는 동화가 적극적으로 독자와 소통을 꾀하며 공상, 과학, 모험, 탐정, 역사 등으로 영역을 넓혀 온 것과 큰 차이를 보인다.

그런 점에서 전부는 아니지만 김제곤과 송선미가 자신들의 글에서 제기하는 문제의식 즉 기존의 동시가 지나치게 '재미'보다 '의미'를 중시하여 독자들의 요구에 부응하지 못했다는 주장에는 동의하는 편이다. 특히 당대의 치열한 고민은 지난 세대의 시대정신이 아니라 당대의 시대정신 속에서 살펴야 한다는 송선미의 날카로운 지적은 동시가 과거의 아이들이 아니라 미래 세대의 아이들을 위한 문학이라는 점에서 공감되는 부분이 많았다. 이는 동시를 창작하거나, 평가하거나, 가르치는 사람들이 귀담아들어야 할 내용이 아닐까 싶다. 그동안 과거의 잣대로 너무 안일하고 무책임하게 동시를 상대해 온 것은 아닌지 되돌아보게 된다.

이천년대 중후반 새로운 동시 운동이 시작된 이후 그동안 여러 차례 크고 작은 논쟁이 있었다. 그 과정에서 변화를 주도하는 시인들과 그것에 의구심을 품은 시인들 간에 감정의 골이 깊어지기도 했다. 하지만 이는 어떤 변화에서든 뒤따르는 것으로 반드시 부정적인 것만은 아니다. 물론 아직도 과거의 타성을 버리지 못했거나 독자에 대한 고려 없이 단지 실험에만 몰두하고 있는 작품들이 여전히 많다. 하지만 앞서 본 것처럼 최근 기본적으로 동시로서 갖춰야 조건 즉 시로서의 자질뿐만 아니라 독자의 요구에도 비교적 충실한 작품들이 점차 늘어나고 있다. 일각에서는 이러한 변화의 움직임이 독자를 생각하지 않고 '시'에만 몰두하다 '난해성'의 문제만을 남기고 실패한 1960년대 본격 동시 운동과 같은 길을 걷게 될 것이라고 예견하기도 한다. 하지만 지금의 상황과 여건은 그때와 다르다. 이러한 변화 움직임에 동조하는 시인들도 많고 무엇보다 독자들의 요구가 무척 강하다. 이는 우리 동시단에 일종의 메기 효과로 작용하여 긍정적인 효과를 불러올 가능성이 크다. 그런 점에서 1960년대 본격 동시 운동과는 또 다른 모습으로 우리 동시사에 기록될 것으로 생각한다.

3.
요즘 들어 부쩍 동시가 어렵다는 생각이 든다. 알면 알수록 더 깊은 수렁에 빠져드는 느낌이다. 얼마 전부터 동시와 관련한 글을 찾아가며 공부하고 있다. 특히 올 초부터 《동시발전소》에 연재 중인 김유진의 〈시인이 말하는 동시 교육〉을 주의 깊게 살피고 있다. 다들 귀하고 값진 글이지만 이 글은 창작자이자 연구자로서의 깊은 고뇌가 담긴 글이라 많은 공부가 되고 있다. 이들 담론 덕분에 평소 동시에 관해 품었던 의심들이 많이 해소되었지만 여전히 아쉬운 점도 없지 않았다.

먼저 동시는 아이들을 위한 시이다. 물론 동시가 아이들만의 전유물은 아니라 할지라도 주된 독자가 아이들이라는 것은 부정할 수 없는 사실이다. 그런데도 동시가 정말로 아이들을 위한 것인지 의심스러울 때가 종종 있다. 매년 열리는 우수 동시 및 동시집 추천, 각종 좌담회, 문학상 심사, 문예지의 특집 기사 그 어디에도 온통 어른들의 목소리만 가득할 뿐 정작 아이들의 목소리는 들리지 않는다. 잘 알다시피 아이들과 어른들은 여러 면에서 큰 차이가 있다. 이는 작품을 감상하는 태도만 보더라도 알 수 있다. 가령 어른들은 경험, 추리, 판단 등에 의지해 작품을 이해하지만 아이들은 주로 직관에 의지한다. 어른들처럼 심각하게 세상을 바라보지도 않는다. 문학을 감상하는 것은 곧 작품을 매개로 작가와 독자 간에 이루어지는 일종의 대화이다. 따라서 원활한 소통을 위해서는 그 매개인 작품을 구성하는 요소인 언어, 내용, 형식 등에 대한 고려가 있어야 한다. 즉 이주영의 지적처럼 독자층의 인지능력, 언어능력, 사회성 발달 단계 등을 잘 살펴보고 써야 한다. 만일 굳이 그럴 필요성을 느끼지 못한다면 동시가 아니라 시를 쓰면 된다. 동시도 문학인 이상 '시'가 되어야 하지만 그것은 '동'을 전제로 한 것이어야 한다. 그런 점에서 독자인 아이들의 목소리에 더 많은 관심을 기울일 필요가 있다고 생각한다.

다음으로 그동안 몇 차례 동시와 관련한 좌담회와 특집 기사를 준비하며 느낀 점은 우리 동시단이 너무 폐쇄적이라는 것이다. 물론 시인마다 정치적 지향점이 다르고 선호하는 작품도 다르다. 게다가 한해에 쏟아지는 동시집만 해도 백 권이 넘는다. 그 때문에 아무리 부지런한 사람도 발표되는 작품을 전부 찾아 읽는 것은 거의 불가능한 일에 가깝다. 하지만 이를 십분 고려하더라도 우리 시인들이 작품을 선택하는 폭이 너무 좁다. 우리 동시의 전반적인 흐름이나 경향, 어떤 작품의 가치나 의미를 제대로 파악하려면 폭넓게 작품을 수용할 필요가 있다. 그런데도 현실은 다르다. 대체로 자신과 친연성이 떨어지는 시인들의 작품은 잘 읽지 않는다. 심지어 어떤 시인은 대놓고 읽을 필요가 없다고 말하기도 한다. 이는 보수적 성향의 시인이든 진보적 성향의 시인이든 그다지 차이가 없다. 하지만 아이들은 어떤 가치나 이념에 따라 작품을 구분하지 않는다. 그렇다고 모든 작품을 다 읽으라는 것은 아니다. 다만 우리 동시를 더욱 다양하고 풍요롭게 만들어가려면 우리 시인들이 먼저 마음을 열어야 하지 않을까 싶다.

마지막으로 신정아의 「우리나라 동시문학 연구 동향」을 읽으면서 든 생각이다. 이 글은 지난 20년 동안 발표된 석·박사 학위논문을 중심으로 그동안의 이루어진 연구 동향을 살펴 그 성과와 문제점을 밝히고 있다. 이에 따르면 '작가와 작품 연구', '다른 시인과의 비교 연구', '동시사 연구' 등, 우리의 동시 연구가 지나치게 특정 분야에 집중된 것을 알 수 있다. 이는 동화 연구가 이미 그것을 넘어 창작방법론까지 영역을 확대해 나아간 것과 비교해 우리 동시 연구가 얼마나 부실한지를 잘 보여준다. 그런 점에서 앞으로 우리 동시 연구의 주제 및 범위를 더욱 다변화할 필요가 있다고 생각한다. 지금까지의 연구가 작품의 생산에 집중되었다면 앞으로는 작품의 소비에도 관심을 가져야 한다. 즉 아이들은 왜 동시를 읽지 않는지, 동시는 어떻게 독자에게 전달되는지, 아이들은 어떤 동시를 좋아하는지와 같은 연구를 통해 우리 동시가 저변을 확대해 나갈 수 있도록 더 많은 관심을 기울였으면 하는 마음이다.

철학적 사유와 비판 정신

　최근 한국 동시의 흐름을 살펴보면 몇 가지 뚜렷한 특징이 감지된다. 먼저 내용적 측면에서 어느 특정한 사물을 소재 삼거나 상상력과 말놀이 등을 통해 재미를 추구하는 작품이 많아지고 있다. 다음으로 형식적 측면에서 시행이 극단적으로 짧아지거나 그와 반대로 지나치게 산문화되는 경향이 있다. 그다음으로 이전에 보지 못했던 낯설면서도 흥미로운 화자가 출현하는 등 다양한 실험이 이루어지고 있다. 그 때문에 일각에서는 그와 같은 행보가 자칫 동시의 본질을 훼손하지 않을까 하는 우려의 시선을 보내기도 한다.
　그런데 사실 이와 같은 현상이 반드시 나쁜 것만은 아니다. 물론 독자와의 소통을 외면한 채 자기만족에 심취해 정제되지 않은 언어를 남발하거나 자신의 문학관만이 옳다는 잘못된 믿음에 빠져 안하무인처럼 구는 행위는 마땅히 비판받아야 한다. 하지만 잘 알다시피 창조와 개성은 모든 예술의 기반이자 생명이다. 실제로 문학의 역사는 그와 같은 도전과 실험정신에 의해 추동되어 왔다. 따라서 자신의 문학관과 다르다고 해서 이들 작품을 무턱대고 비난하거나 배척하기보다는 폭넓게 수용할 필요가 있다.

다만, 조금 걱정스러운 것은 최근의 그와 같은 흐름이 마치 하나의 유행처럼 번지고 있다는 점이다. 즉 어떤 확고한 철학이나 목적의식 없이 그저 다른 사람의 작업을 모방하는 사례가 부쩍 늘어나고 있다. 사정이 그렇다 보니 내용으로나 형식적으로 실험성이 짙은 작품은 넘쳐나는 데 반해 각자의 취향에 맞는 작품을 선택할 기회는 오히려 줄어들고 있다. 특히 지나치게 재미만을 추구하다 보니 철학적 사유와 비판 정신을 지닌 작품을 찾아보기가 쉽지 않다. 그런 의미에서 이번 계간 평에서는 무엇보다 사유의 힘이 돋보이는 작품들을 모아보았다.

사람 안 살면
다 빈집인가.

도란도란

뜰에는 무화과가 익고
아기사과도
볼이 붉었다.

야옹야옹

들고양이 부부도

아기들 데리고

이사를 왔다.

사람 떠나면

다 빈집인가.

― 공재동, 「빈집」 전문(계간 《동시 먹는 달팽이》, 2018, 겨울)

이 작품은 물리적 공간인 '집'을 소재 삼아 만물평등주의를 지향하고 있다. 1연과 6연의 "사람 떠나면/다 빈집인가"에서처럼, 화자는 두 차례에 걸쳐 독자들을 향해 질문을 던지고 있다. 즉 수미상관을 통해 주제를 강조하고 있는 구조를 취하고 있다. 흔히 우리는 사람이 살지 않는 집을 '빈집'이라고 부른다. 그런데 따지고 보면 그와 같은 행위는 철저히 인간중심적 사고의 결과물이다. "뜰에는 무화과가 익고/아기사과도/볼이 붉었다.", "들고양이 부부도/아기들 데리고/이사를 왔다."에서처럼, 집에는 인간 외에도 다른 생명체들이 살고 있다. 그런데도 모든 판단의 기준을 인간에 맞추다 보니 다른 생명체들은 모두 배제되어 버린다. 이처럼 이 작품은 지금껏 우리가 너무나도 당연하게 생각해 왔던 것에 대해 다시금 돌아보게 만든다. 오늘날 인류가 직면한 심각한 환경문제가 상당 부분 인간중심주의에서 비롯되었다는 점에서 이 작품은 독자들의 생태의식을 고취하는 데 많은 영향을 줄 것으로 기대된다.

떨고 있는 겨울 싹을
마른 낙엽으로 덮어 주었다
눈도 안 녹는다
　　　　　　　－최명란, 「따뜻해서」 전문(계간 《창비어린이》, 2018, 겨울)

눈에 눈물 퐁퐁 솟는
샘물이 있는 거 알아?
하지만 사람마다
샘물의 깊이가 다르대.
눈물 많다고
부끄러워할 필요 없어.
입술 깨물고 꾹 참으려고 하지 마.
샘물이 찰랑찰랑 넘칠 때까지
꽉 찬 거니까.
흘리는 눈물만큼
샘물을 비워낸 만큼
네 마음이

힘 있게, 당당하게

말하는 거야.

— 윤일호, 「눈물」 전문(월간 《어린이와 문학》, 2019. 2)

앞의 작품과 마찬가지로 이들 작품도 사유의 폭과 깊이가 남다르다. 「따뜻해서」는 전체가 3행으로 이루어진 아주 짧은 작품이다. 하지만 감동의 크기는 그 어느 작품과 견주어도 손색이 없다. 이 작품의 1행과 2행은 추위에 떨고 있는 겨울 싹을 마른 낙엽으로 덮어주었다는 아주 단순한 진술로 이루어져 있다. 그런데도 이 작품이 울림이 큰 건 바로 "눈도 안 녹는다"는 마지막 행 때문이다. 사실 이 표현은 얼핏 보기에 제목이나 앞의 행과는 논리적으로 맞지 않는다. 하지만 눈이 겨울 싹을 이불처럼 덮어주어 얼지 않도록 하려고 녹지 않는다고 해석하면 사정이 달라진다. 평소 짧은 문장 속에 깊은 의미를 담아내 온 시인답게 자꾸 곱씹을수록 마음이 따뜻해지는 작품이다. 「눈물」은 개개인이 지닌 특성과 자질의 중요성을 돌이켜보게 한다. 대량생산과 대량소비를 메커니즘으로 하는 자본주의가 득세하기 시작하면서 우리의 삶은 개성을 잃어버린 지 이미 오래다. 홍수처럼 밀려드는 광고에 거의 무방비 상태로 노출되면서 삶은 물론 사고방식까지 규격화되어 버렸다. 그 결과 학교에서든 직장에서든 사회에서든 개개인의 특성은 곧잘 무시되기 일쑤다. 그래서인지 "사람마다/샘물의 깊이가 다르"다는 화자의 말이 예사로 들리지 않는다. "눈물이 많다고 부끄러워할 필요" 없이, 언제 어디서든 자신의 마음을 "힘 있게, 당당하게" 말할 수 있는 세상이야말로 진정 행복한 곳이라는 걸 일깨워주는 작품이다.

취직 못해 공부하는 고객님!
아르바이트 하며 생활비 버는 고객님!
혼자 사시는 할아버지 고객님!
추석인데도 고향에 못 가고 일하시는 고객님!

영양잡곡밥 떡갈비 산적
동태전 잡채 호박볶음 콩나물볶음
메추리알 조림 볶음김치

설을 맞아 한상 푸짐하게 차린
'명절 도시락' 드시려면
빨리 오세요. 편의점으로!

— 송명원, 「매진임박」 전문(계간 《어린이책이야기》, 2018, 겨울)

할아버지는 말씀하셨다

옛날엔 캄캄한 밤
고갯길에서
게 누구요? 하고 부르기라도 하면

반가웠단다.

할아버지가 또 입을 열려 하실 때
내가 먼저 말씀드렸다.

요새는 어둔 밤
외딴 골목에서
여보시오? 하고 부르기라도 하면
할아버지, 몸이 오그라들어요.

그래, 맞다! 맞다.

― 남진원, 「맞다 맞다」 전문(계간 《열린아동문학》, 2018, 겨울)

반면에 이들 작품은 우리 사회의 어두운 단면을 비판하고 있다. 「매진임박」은 명절이 되어도 여러 가지 사정으로 고향에 가지 못하거나 혼자 사는 까닭에 쓸쓸하게 명절을 보내야만 하는 사람들의 모습을 그려내고 있다. 이 작품에 등장하는 사람들은 각기 처한 환경은 다르지만, 모두 우리 사회의 경제적 약자들이다. 그와 반대로 편의점은 거대 자본의 상징이다. 이 작품은 그와 같은 대립 구도를 통해 자본주의의 민낯을 드러내고 있다. "'명절 도시락' 드시려면/빨리 오세요. 편의점으로!"에서처럼 자본주의는 다른 누군가의 아픔까지도 상품으로 만들어버린다. 안타까운 일이지만 바로 이것이 오늘날의 현실이다. 그것은 「맞다 맞다」도 예외가 아니다. 이 작품은 "옛날엔 캄캄한 밤/고갯길에서/게 누구요? 하고 부르기라도 하면/반가웠단다."와 "요새는 어둔 밤/외딴 골목에서/여보시오? 하고 부르기라도 하면/할아버지, 몸이 오그라들어요."에서처럼 과거와 현재의 밤 풍경을 비교하여 삭막해진 오늘날의 세태를 비판하고 있다. 극심한 무한경쟁으로 말미암아 민심이 흉흉해진 탓에 밤길조차도 마음 놓고 다닐 수 없는 암울한 현실을 대화 형식을 통해 잘 그려내고 있다.

어린이집 공개수업 날
꿈 게시판 앞에 모인 엄마들.

티라노사우루스
변신 자동차 로봇
멋있는 경찰차
맛있는 게 잔뜩 들어 있는 냉장고

사람이 되고 싶은 아이는 없다.
　　　－ 최종득,「꿈 게시판」전문((월간《어린이와 문학》, 2019, 1)

이 작품은 또 다른 시선으로 우리 사회의 모습을 풍자하고 있다. 어린이집 공개수업이 있는 날 꿈 게시판에 붙어있는 아이들의 그림을 바라보는 엄마들의 표정이 어떠할지 무척 궁금하다. 공룡과 로봇, 경찰차와 냉장고가 대변하듯 언제부턴가 아이들의 꿈에서 사람들이 사라져버렸다. 초등학생 아이들조차 꿈이 '건물주'일 만큼 모두가 물욕에 빠져버린 우리의 슬픈 현실이 생생하게 느껴진다. 더욱이 이 작품을 쓴 최종득은 초등학교 교사로 교육 현장의 최일선에서 아이들의 삶을 올곧게 가꾸어주기 위해 누구보다 열심히 노력해 왔다. 그런 시인의 목소리를 통해 "사람이 되고 싶은 아이는 없다"는 말을 듣게 되니 더욱 더 안타깝다. 어른의 한 사람으로서 아이들에게 더 나은 환경을 물려주지 못한 것 같아 몹시 부끄러울 따름이다.

이상으로 지난 계절에 발표된 동시 가운데 비교적 철학적 사유와 비판 정신이 돋보이는 작품들을 살펴보았다. 분기마다 이런저런 잡지를 통해 대략 300여 편의 동시가 발표되고 있는데 아쉽게도 이 글을 주제에 부합하는 작품들은 많지 않았다. 상당수의 작품이 말놀이에 심취해 있거나 사물이나 현상의 본질을 탐구하기보다는 피상적으로 묘사하는 데 그치고 있었다. 또한, 지나치게 재미만을 좇아 정제되지 못한 언어를 남발하는 작품이 적지 않았다. 그 때문인지 진정성 있는 작품을 찾아보기가 힘들었다.

그렇다고 해서 모든 작품이 깊은 철학적 사유와 날카로운 비판 정신을 지녀야 한다는 것은 아니다. 효용적 측면에서 쾌락은 교시와 더불어 고대로부터 현대에 이르기까지 문학을 지탱해 온 두 개의 축이다. 더욱이 아이들의 경우 교시보다 쾌락에 더 민감하게 반응한다는 점에서 재미있는 동시가 많다는 것은 오히려 바람직한 일이다. 다만 우려되는 것은 그 쏠림 현상이 지나칠 정도로 심할 뿐만 아니라 그로 인해 문학적 완성도가 떨어지는 작품이 대량으로 양산되지 않을까 하는 점이다.

한때, 미학보다 교육적 가치를 중시함으로써 교훈적인 색채가 강한 작품이 범람하던 시기가 있었다. 그와 반대로 교육보다 미학적 가치를 우선시함으로써 독자들이 이해할 수 없는 작품이 난무하던 시기가 있었다. 하지만 결과적으로 두 시기 모두 독자들로부터 외면을 받았다. 이런 사실은 문학적 완성은 그 어느 하나만으로 이루어지는 것이 아니란 걸 알게 해준다. 그런 점에서 시류를 타고 유행하는 작품을 생산하는 데 동참하기보다 뚜렷한 철학과 소신을 지니고 우직하게 자신만의 작품세계를 개척해 나아갈 필요가 있다.

시적 사고와 시적 표현

형식상 시의 모습을 하고 있지만 아무런 감동을 주지 못하는 작품이 많다. 일찍이 오규원(『현대시작법』, 문학과지성사, 1990)은 좋은 시를 쓰기 위해서는 기본적으로 시적 사고와 시적 표현에 어떤 것인지를 알아야 한다고 말한 바 있다. 여기서 시적 사고란 시인이 어떤 대상이나 현상을 미적으로 수용하는 방식과 관련이 있고 시적 표현이란 그와 같이 지각한 내용을 밖으로 드러내는 언술 방식과 관련이 있다.

그런 까닭에 좋은 시를 쓰려면 어떤 대상에 숨어있는 아름다움을 살필 수 있는 뛰어난 심미안을 가지고 있어야 한다. 그와 더불어 적절한 언어를 골라 그것을 효과적으로 표현할 수 있는 능력이 있어야 한다. 그 점에 착안해 이 글에서는 지난 계절에 발표된 작품 가운데 몇 편을 골라 이들 작품이 만들어지는 과정을 분석하려고 한다. 이를 통해 한 편의 시가 어떤 과정을 거쳐 탄생하는지 이들 작품이 독자들에게 감동을 준다면 그 이유는 무엇인지 살펴보려고 한다.

    누구든

    자기 자신의 마음을

    단단하게 보관하는 일이

    가장 어렵다

    흔적도 없이

    벌레 먹은

    알밤

        - 이봉직, 「알밤」 전문(계간 《열린아동문학》, 2019, 여름)

 대표작 「웃는 기와」에서처럼 이봉직은 눈이 참 밝고 생각이 웅숭깊은 시인이다. 대체로 그의 시는 화려함과는 거리가 있다. 그런데도 오래도록 독자의 마음을 흔드는 묘한 매력이 있다. 그것은 이 시에서 보듯이 어떤 대상에서 작품의 소재를 포착해내는 시인의 능력이 뛰어나기 때문이다. 사실 이 시에서 묘사되는 상황 즉 "흔적도 없이/벌레 먹은/알밤"과 맞닥뜨리는 일은 특별한 것은 아니다. 하지만 그와 같은 경험을 통해 "자기 자신의 마음을/단단하게 보관하는 일이/가장 어렵다"와 같은 철학적 메시지를 끄집어내는 것은 아무나 할 수 있는 일이 아니다. 다소 관념적인 주제를 일상에서 흔히 경험할 수 있는 사건을 통해 구체화함으로써 감동을 주고 있다.

> 산불 지나간 뒤
> 태어난 지 나흘 된
> 쌍둥이 송아지가
> 서로 머리를 비비고 있다.
> '괜찮지?'
> '응'
> '너도 괜찮지?'
> '응'
> 소리 없는 말
> 주고받고 또 주고받고
>
> — 이화주, 「괜찮지?」 전문(계간 《동시 먹는 달팽이》, 2019, 여름)

그런가 하면 이 시는 또 다른 면에서 감동을 준다. 짐작건대 이 시의 배경은 얼마 전에 일어난 강원도 고성 산불이 그 배경이 아닐까 싶다. "산불 지나간 뒤/태어난 지 나흘 된/쌍둥이 송아지가/서로 머리를 비비고 있다."에서처럼 이 시는 갓 태어난 송아지가 서로를 위로하는 내용을 담고 있다. 하지만 "소리 없는 말/주고받고 또 주고받고"에서 보듯이 이는 그저 시인의 상상일 뿐 사실이 아니다. 그렇다면 왜 시인은 이렇게 묘사한 것일까. 아마도 그것은 선천적으로 시인의 마음이 따뜻하기 때문일 것이다. 즉 산불로 막대한 피해를 본 사람이나 동물에 대한 시인의 안타까운 마음이 시적 대상에 그대로 투영되었기 때문이다. 그런 점에서 이 작품에 등장하는 송아지는 시인의 의도를 구체적으로 형상화하는 존재라고 할 수 있다. 그런데 이 시에서 조금 아쉬운 것은 1행과 2행의 연결이 자연스럽지 못하다는 점이다. 즉 자칫 송아지가 산불이 지나간 뒤 나흘 뒤에 태어난 것으로도 읽힐 수 있다는 것이다. 차라리 1행을 따로 떼어내 한 연으로 만드는 것이 더 좋지 않았나 싶다.

화단에 골고루 심은
꽃씨들

분꽃 옆에 맨드라미
맨드라미 옆에 채송화
채송화 옆에 봉숭아
봉숭아 옆에 해바라기

땅속에선 서로 모르고 지내다
땅 밖에서 이웃 되었다
― 이묘신, 「이웃사촌」 전문(계간《동시발전소》, 2019, 여름)

이 시는 별생각 없이 읽었을 때는 좋은 줄 모른다. 어딘지 모르게 심심해 보인다. 전체가 3연으로 이루어져 있으며 1연과 2연의 경우 화단을 심은 꽃씨들이 싹을 틔워 서로 어우러져 있는 모습을 노래하고 있다. 그 어떤 사건도 시적 장치도 찾아볼 수가 없다. 그런데도 이 시를 자꾸 곱씹게 되는 것은 마지막 연 때문이다. 추측하건대 아마도 이 시는 어느 날 시인이 화단에 핀 꽃을 관찰하던 도중 문득 떠오른 생각 즉 "땅속에선 서로 모르고 지내다/땅 밖에서 이웃 되었다"는 그와 같은 감각적 지각이 창작의 직접적인 동기가 되었을 것으로 보인다. 좋은 시를 쓰기 위해서는 어떤 대상을 기계적으로 받아들이는 것이 아니라 미적 감각을 통해 수용할 수 있어야 한다는 것을 보여주는 좋은 예이다.

학교의 주인은 여러분이에요. 여러분이 학교를 아껴야지요. 그런데 학교 물건도 함부로 쓰고, 쓰레기도 함부로 버리는 친구들이 많아요. 급식소에서 음식도 남기고, 식판도 함부로 놓잖아요. 도대체 주인 의식이 없어요. 이게 어떻게 주인입니까?

에이, 학교의 주인이 뭐 그래요. 선생님들은 주인을 시키기만 하고, 조금만 잘못해도 혼내잖아요. 학교 건물 중심엔 교무실이 있고요. 또 공부 좀 못한다고 혼내고, 우리 마음대로 할 수 있는 게 별로 없어요. 이게 어떻게 주인이에요?

― 윤일호, 「학교의 주인」(격월간 『동시마중』, 2019, 5-6월)

이 시는 아이들의 눈에 비친 어른들의 가식적인 행동을 대구의 형식으로 비판하고 있다. 1연은 "학교의 주인은 여러분"이라면서 주인 의식이 없는 학생들을 꾸짖는 선생님들의 모습을 2연은 그런 선생님들에게 "우리 마음대로 할 수 있는 게 별로 없"는데 그것이 어떻게 주인이냐고 반문하는 아이들의 모습을 담아내고 있다. 그런데 이러한 비판은 고도의 정신 활동으로 합리적 의심을 통해 어떤 대상을 지각하는 태도와 관련이 있다. 우화나 풍자에서처럼 어떤 문제를 환기하거나 어느 특정 대상에게 변화를 요구할 때 자주 쓰인다. 이 시는 어른보다 상대적으로 약자인 아이들의 입장에서 충분히 공감할 만한 내용을 잘 포착하고 있다. 이는 본질적으로 동시가 아이들을 위한 노래라는 점에서 주목해 볼 만한 작품이다.

녹색불이 켜졌습니다.
건너가도 좋습니다.

빨간불이 켜졌습니다.
건너가면 죽습니다.

녹색불이 꺼졌습니다.

빨간불이 꺼졌습니다.

검은불이 켜졌습니다.

발걸음이 커졌습니다.

— 신민규, 「무단횡단보도」 전문(계간 《창비어린이》, 2019, 여름)

앞서 살펴본 시들이 주로 어떤 대상을 수용하는 시인의 미적 태도와 관련이 있다면 이 시는 지각한 내용을 시인이 밖으로 드러내는 언술 방식 즉 시적 표현과 관련이 있다. 4연 8행의 이 시는 각 행이 하나의 완결된 문장으로 이루어져 있으며 종결어미가 "켜졌습니다", "좋습니다", "죽습니다", "꺼졌습니다", "커졌습니다"와 같이 모두 평서형으로 처리되어 있다. 잘 알다시피 문장에서 종결어미는 청자경어법과 화자의 태도를 드러낸다. 이 작품의 경우 서술어는 주어의 동작이나 상태를 드러낼 뿐 화자의 감정은 극도로 절제되어 있어 독자가 정서적으로 반응하기가 쉽지 않다. 그런데도 이 시가 예사롭지 않게 다가오는 건 마지막 연 즉 "검은불이 켜졌습니다./발걸음이 커졌습니다."라는 언술 때문이다. 사실 신호등에서 '검은불'은 존재하지 않는다. 따라서 이것은 시인이 3연에서 묘사한 상황을 감각적으로 표현한 것으로 보이는데 그 표현이 새롭다. 같은 내용이라도 시인이 그것을 어떻게 표현하느냐에 따라 얼마든지 감동을 줄 수 있다는 것을 잘 보여준다.

개나리꽃이 소리도 없이 피었습니다.

민들레꽃이 소리도 없이 피었습니다.

무궁화꽃은 큰 소리로 피었습니다.
　- 김세희, 「놀이터꽃」 전문(계간 《어린이책이야기》, 2019, 여름)

이 시는 제목처럼 놀이터에 핀 꽃을 노래하고 있다. 그런데 내용이나 형식이 매우 단출해서 꼼꼼하게 들여다보지 않으면 그 가치를 발견하기가 쉽지 않다. 눈 밝은 독자라면 이미 알아챘겠지만 이 시에서 가장 주목해야 할 대목은 3행이다. "무궁화꽃은 큰 소리로 피었습니다."에서처럼 이 3행은 앞의 두 행과는 상당히 이질적이다. 즉 1행과 2행에는 봄에 개화하는 '개나리꽃'과 '민들레꽃'이 등장하는 데 반해 3행의 경우는 주로 여름에 피는 '무궁화꽃'이 등장한다. 또한 1행과 2행에서는 서술어를 꾸며주는 부사절로 "소리도 없이"가 쓰이고 있지만 3행에서는 의미상 정반대인 "큰 소리로"가 쓰이고 있다. 이를 통해 알 수 있는 사실은 3행에 등장하는 "무궁화꽃"은 실제로 존재하는 꽃이 아니라 아이들이 놀이터에서 '무궁화꽃이 피었습니다'라는 놀이를 하는 장면을 형상화한 것임을 알 수 있다. 전체가 3행으로 이루어진 소품이지만 왜 시를 언어의 예술이라 말하는지를 알게 해주는 작품이다.

지금까지 살펴본 것처럼 좋은 시는 시인이 대상을 수용하는 미적 태도와 그것을 밖으로 드러내는 언술 방식과 밀접한 관련이 있다. 물론 그 외에도 여러 방법이 있겠지만 기본적으로 시적 사고와 시적 표현이 어떤 것인지를 모르고서는 좋은 시를 쓸 수 없다는 것은 분명한 사실이다. 세상을 바라보는 따뜻한 마음, 섬세한 관찰력, 사물의 본질을 꿰뚫어보는 직관력, 합리적 의심과 비판적 사고, 언어를 다루는 능력 등을 갖추지 않고서는 좋은 시를 쓰기 어렵다. 그런데도 최근 발표되는 시들을 보면 조금 실망스럽다. 다들 고만고만해서 딱히 좋다고 생각되는 작품은 많지 않다. 그럴 일은 없겠지만 너무 쉽게 시를 쓰고 있는 것은 아닌지 스스로 되돌아볼 필요가 있다. 시는 누구나 쓸 수 있다. 하지만 누구나 좋은 시를 쓰는 것은 아니다.

치열한 자기 부정의 정신

1.

어느 시대를 막론하고 문학적 전통과 관습으로부터 벗어나려는 움직임은 늘 있었다. 이러한 경향은 시문학에서 더욱 두드러지게 나타났는데 한국 현대 시사를 통해서도 어렵지 않게 발견할 수 있다. 즉 1930년대 이상, 1960년대 김수영과 김춘수, 1970년대 이승훈과 오규원, 1980년대 황지우와 장정일, 1990년대 박상순과 김혜순, 2000년대 김행숙과 황병승 등의 시가 그것이다. 이들은 각각 전 시대에 볼 수 없었던 새로운 내용과 형식으로 많은 관심과 논쟁을 불러일으켰다. 이처럼 기존의 문학적 전통과 관습에 대한 저항은 곧 문학을 추동하는 힘으로 문학의 지평을 확대하는 데 크게 일조해 왔다.

이는 동시의 경우도 별반 다르지 않다. 1920년대 본격적으로 출발한 한국 동시는 그동안 몇 차례의 논쟁을 거쳐 오늘에 이르고 있다. 동요의 황금기라 불리며 막강한 위세를 떨치던 1920년대의 동요는 1930년대 초반 계급주의 계열 시인들이 주장한 '자유 동시'론에 의해 조금씩 균열이 생기기 시작했다. 이후 1930년대 박목월의 '자유시론'과 1940년대 김영일의 '사시소론(私詩小論)'을 거치면서 오늘날과 같은 동시의 형태를 띠게 되었다. 또한 1960년대 이석현의 '동화시' 운동과 유경환, 조유로, 박경용 등이 시도한 다양한 실험시 역시 기존의 문학적 전통이나 관습을 비판하고 새로운 미학을 창출하려는 몸부림이었다.

2.
그렇다면 최근 우리 동시는 어떤 모습일까. 과연 우리 시인들은 기존 한국 동시의 전통이나 관습에 어떤 방식으로 저항하고 있을까. 얼마나 치열하게 자기 갱신을 위해 부단히 노력하고 있을까. 이 글은 바로 그와 같은 의문점에서 시작하고 있다. 여기에서는 지난 계절에 여러 지면을 통해 발표된 작품 가운데 특히 실험적 성격이 강한 시만을 추려서 이들 작품의 특징에 관해 살펴보고, 그것을 바탕으로 향후 우리 동시가 나아가야 할 길을 모색해 보려고 한다.

최고가 매입
최저가 매출

중고차 매매
- 강정규, 「광고 시대 1」 전문(《동시마중》, 2019 3-4)

고양이는 막내아들의 방문 앞에
장화를 벗어 놓고
길을 떠나며 말했다

- 너 가져,
생각보다 불편하더라.
난 다시 맨발로 세상을 걸어 볼래.
- 방주현, 「장화 벗은 고양이」 전문(《동시마중》, 2019, 3-4)

「광고 시대 1」은 최근 가장 다양하게 실험시를 선보이고 있는 강정규의 작품이다. 제목에서 알 수 있듯이 이 작품은 광고의 홍수 속에서 살아가는 오늘날 모습을 노래하고 있다. 그런데 "최고가 매입/최저가 매출/중고차 매매"에서처럼 이 작품의 경우 광고의 선전 문구를 그대로 인용해 놓았을 뿐 그 외의 별다른 내용이나 기교를 찾아볼 수 없다. 그 때문에 기존의 동시 문법에 익숙한 독자라면 다소 생경하고 불편하게 느껴질 수도 있다. 그 점은 방주현의 「장화 벗은 고양이」도 마찬가지이다. 이 작품은 우리에게 익히 알려진 프랑스 동화 '장화 신은 고양이'를 패러디한 것으로 어떤 고정관념 내지는 기존의 질서에 안주하는 행위를 경계하는 내용을 담고 있다. 그런데 이 작품은 "고양이는 막내아들의 방문 앞에/장화를 벗어 놓고/길을 떠나며 말했다"에서처럼 특이하게도 어른이 화자로 등장한다. 물론 동시라고 해서 반드시 어린이가 화자일 필요는 없지만 아무튼 흔치 않은 경우인 것만은 분명하다. 또한 "장화"를 주제를 전달하는 주요한 상징으로 사용하고 있어 어린 독자들의 경우 의미를 이해하는 데 다소 어려움을 겪을 수도 있을 것 같다. 두 작품 모두 광고 문구를 인용하거나 전래 동화를 패러디해서 색다른 재미를 주고 있다.

      다.
  난
        다.
    난

날아오른다.

내 동생 리코더 안에서 살던
아기 새
드디어
        고 있 다.
      날

　　　　늘

　　　하
　　란
　파

　　　　- 이화주, 「리코더 연습」 전문(《열린아동문학》, 2019, 봄)

삑
　　삑
삑
　　삑
삑

삑
　　삑
삑삑

도착!

넘어지지 않고

잘 왔다

우리 아기.

— 김미혜, 「삑삑이」 전문(《동시발전소》, 2019, 봄)

한편, 이들 작품은 대담한 형식 파괴를 통해 또 다른 재미를 주고 있다. 이화주의 「리코더 연습」은 동생이 리코더를 연주하는 모습을 노래한 작품이다. "내 동생 리코더 안에서 살던/아기 새"에서처럼 이 작품의 묘미는 리코더 소리를 "아기 새"에 빗대어 생동감 있게 표현한 것에 있다. 특히 이 작품은 "다. /난/다. /난."와 "고 있다. /날/늘/하/란/파"에서 보듯이 의도적으로 시어와 행을 흩트려 놓고 있는데 일반적인 어순과 반대로 배열해 놓은 것이 인상적이다. 다만 2, 3연의 "내 동생 리코더 안에서 살던/아기 새/드디어"를 차라리 1, 4연과 동일하게 "드디어/아기새/내 동생 리코더 안에서 살던"과 같이 배열했으면 어땠을까 하는 아쉬움이 남는다. 그랬다면 작품 전체의 통일성도 확보되고 실험성도 훨씬 강화되었을 것으로 생각된다. 김미혜의 「삑삑이」는 걸음마를 연습하는 아기의 모습을 형상화하고 있다. 이 작품에 등장하는 아기는 걸을 때마다 소리가 나는 '뽁뽁이' 신발을 신고 있는데 그 소리를 나타내는 의성어 "삑"을 아기의 걸음 형태에 맞춰 입체적으로 배열해 놓은 것이 흥미롭다.

나는

뱉었다 다

뱉었다 침을

뱉었다 가래침을

뱉었다 맺힌 속마음을

뱉었다 뒤틀린 심술보를

뱉었다 슬픈 울음소리

뱉었다 한숨소리

뱉었다 꿈을

뱉었다 훅

너도

— 이주영, 「움직씨 2-뱉었다」 전문(《동시 먹는 달팽이》, 2019, 봄)

그런가 하면 이주영의 「움직씨 2-뱉었다」는 앞의 작품들과는 또 다른 실험정신을 보여준다. 먼저 이 작품에서 눈여겨볼 것은 형식적 측면이다. 이 작품은 총 11행으로 이루어져 있는데 6행을 기준으로 서로 마주 보고 있는 행의 글자 수가 정확하게 일치하도록 배열해 놓았다. 시의 형태를 굳이 이렇게까지 만들어야 했을 만한 특별한 이유가 있는 것처럼 생각되지 않지만 발상이 재미있다. 그다음으로 이 작품에서 주목해야 할 것은 내용적인 측면이다. 이 작품은 특이하게도 특정 단어 즉 움직씨(동사)인 '뱉었다'를 작품의 소재로 삼고 있다. "나는/뱉었다", "침을 뱉었다"에서 보듯이 문장에서 '움직씨'는 주로 사람이나 사물의 동작이나 작용을 나타내거나 일부는 목적어와 결합하여 의미를 더욱 강화하는 역할을 한다. 이 작품은 그러한 움직씨 가운데 하나인 '뱉었다'를 통해 하나의 단어가 어떤 단어 혹은 어떤 상황과 결합하는가에 따라 의미가 다양하게 파생되어 나가는 모습을 보여줌으로써 관심을 끌고 있다.

그 외에도 교차 화자를 등장시켜 고사상의 '돼지머리'를 재미있게 형상화한 김륭의 「돼지 사전 2」(격월간 《동시마중》, 2019, 3-4), 개구리의 울음소리를 유리창에 전이시킴으로써 환상적인 분위기를 만들어내고 있는 송찬호의 「비가 오려나 보다」(계간 《동시 먹는 달팽이》, 2019, 봄), 동화책에 나오는 새엄마 이야기를 차용해 화자의 심리를 장시로 노래한 이대흠의 「동화책이 그랬어」(계간 《동시 먹는 달팽이》, 2019, 봄), 대화체를 활용해 할머니의 꿈에 얽힌 재미있는 사연을 산문시로 풀어낸 송현섭의 「꿈꾸는 할머니」(계간 《동시발전소》, 2019, 봄), 음성상징어 "개굴개굴"과 "꾀꼴꾀꼴"을 사용해 개구리와 꾀꼬리의 울음소리를 전래동요의 기본 음수율인 4·4조로 풀어낸 금해랑의 「개발새발 괴발개발」(월간 《어린이와문학》, 2019, 5) 등도 그 나름대로 실험정신을 내포하고 있는 작품들이다.

3.

앞서 살펴본 것처럼 지난 분기에 발표된 작품 가운데 실험시의 범주에 드는 것은 10편 남짓하다. 이는 매 분기 발표되는 전체 작품 수에 비하면 이는 그리 만족할 만한 숫자는 아니다. 하지만 작품의 미학적 성취 여부와 관계없이 이처럼 새로운 미학을 창조하기 위해 애쓰는 시인들이 여전히 존재한다는 사실만으로도 충분히 희망적이다. 더욱이 원로급에 해당하는 시인으로부터 등단한 지 얼마 되지 않는 시인에 이르기까지 일군의 시인들이 기존의 문학적 전통과 관습에 매몰되지 않고 부단히 다양한 방법으로 실험시를 쓰고 있다는 점은 상당히 고무적이다.

하지만 아쉬운 점도 적지 않다. 모름지기 실험은 전통이나 관습과 대조를 이룰 때 의미가 있으며 이미 누군가에 의해 시도된 양식을 반복하는 것은 그 아류에 지나지 않는다. 진정한 실험시는 치열한 자기 부정의 정신으로 자기 파괴적이고 그 어떤 작품과도 구별되는 독자성을 지녀야 한다. 그렇지만 안타깝게도 그와 같은 작품은 좀처럼 보이지 않는다. 실험시의 형태를 띤 작품 대부분이 성인시 혹은 이전에 누군가에 의해 시도되었던 방법을 답습하고 있다. 실험시가 제대로 인정받기 위해서는 그것을 납득할 만한 충분한 이유가 있어야 한다.

그런데 최근 실험시를 표방하고 있는 동시 가운데 상당수가 그렇지 못하다. 주된 독자인 아이들을 고려하지 않고 그저 지적 허무주의에 빠져있는 작품이 적지 않다. 아무런 명분도 목적도 없는 실험은 오히려 부작용을 불러올 가능성이 크다. 이는 한때 성행했던 해체시가 결국 독자들과 소통하지 못하고 이내 관심 밖으로 밀려난 것에서 쉽게 확인할 수 있다. 그런 점에서 현실에 만족하지 않고 자기 갱신을 통해 부단히 혁신해야 하는 것이 시의 숙명이라고는 하지만 대중성을 고려하지 않은 채 단순히 실험성에만 치중한 창작행위는 마땅히 경계할 필요가 있다.

낯선 시인과의 만남

1.

시는 시인이 언어를 통해 세계를 인식하는 하나의 방법이다. 따라서 한 편의 시를 감상하는 것은 그것을 창작한 시인의 시론이나 세계관을 경험하는 일이다. 즉 다른 시인과 구별되는 그 시인만의 독자적인 개성과 마주하는 행위이다. 그런 만큼 시를 읽는 일은 늘 즐겁다. 특히 이제 막 등단한 시인들의 시를 대할 때면 즐거움이 배가된다. 향후 그들이 앞 시대로부터 대물림되어 온 문학적 자산을 그대로 계승하거나 그것에 저항하면서 어떤 문학적 위상을 갖게 될지를 가늠해 볼 좋은 기회이기 때문이다.

주지하다시피 한국의 동시는 최근 커다란 변화를 맞고 있다. 성인시를 주로 창작하던 시인들과 새로운 감각을 지닌 신인들의 등장으로 모처럼 활기를 띠고 있다. 장강의 뒤 물결이 앞 물결을 밀어내듯 한국 동시의 변화 역시 언제나 이처럼 새로운 세력에 의해 추동되고 왔다. 그런 점에서 지난 계절에 발표된 시 가운데 신인들의 작품을 중심으로 분석함으로써 그들이 어떤 방법으로 세계를 인식하고 그들의 시가 다른 시인들과 변별되는 특성이 무엇인지 살펴보는 것도 그 나름의 의미 있는 작업이 아닐까 생각한다.

2.

일찍이 김준오는 「시의 방법론과 세계관」(『현대시와 장르비평』, 문학과지성사, 2009)에서 '순간의 단일성'이 곧 서정시의 본질이라고 말한 바 있다. 그에 따르면 서정시의 길이가 짧은 것은 그것이 사물의 순간적 파악, 하나의 관념이나 정서로부터 출발하기 때문이며 이로 말미암아 서정시는 '압축의 원리'에 의한 암시성을 그 본질로 한다. 또한 시적 세계관은 자아와 세계가 구분되지 않는 '동일성'을 바탕으로 하며 이러한 동일성에 의해 시를 구성하는 다양한 요소들이 하나의 형태로 긴밀하게 조직되어 나타난다.

따라서 이처럼 조직된 언어로서의 시어는 개인적 언어로서 우리가 평소 사용하는 일상어와는 다르다. 즉 시어는 일상어와 달리 어떤 사실을 지시하거나 의미를 전달하지 않는다. 대신 그 자체로서 하나의 자족적이고 자기완결적인 세계를 획득한다. 그 때문에 시는 필연적으로 다른 문학 장르보다 독자와의 소통에서 어려움이 뒤따르며 그처럼 의미를 직접 드러내지 않음으로써 오히려 더욱더 풍요롭고 다양한 의미를 환기하도록 만든다.

알고 보면 우리 할아버지
쥐잡기 선수다
하룻밤에 쥐를 열 마리도 더 잡는다
쥐덫 대신 양동이로 잡는다
겨우 멸치 몇 마리로 잡는다
쥐는 풍덩풍덩 잘도 빠진다
할아버지는 아침마다 바쁘다
양동이를 짐받이에 싣고 개울 다리 건너간다
집이 안 보일 때까지 멀리 간다
밤나무 밭에 쥐들을 놓아주고
뒤도 안 돌아보고 돌아온다
자전거 페달을 쌩쌩 밟고
콧노래 부르며 돌아온다
  - 김봄희,「우리 할아버지」전문(격월간《동시마중》, 2019, 9-10)

이 시는 비교적 서정시의 본질에 충실한 작품이다. 어린 화자의 눈에 비친 할아버지의 모습을 노래하고 있는데 총13행 가운데 무려 9행이 '~ㄴ다' 형태의 평서형종결어미로 이루어져 있다. 또한 '잡는다', '간다', '돌아온다'와 같은 시어를 반복함으로써 일정한 리듬감을 자아내고 있다. 그런데 이 시에서 주목해 보아야 할 장면은 "밤나무 밭에 쥐들을 놓아주고/뒤도 안 돌아보고 돌아온다"와 같은 할아버지의 행위이다. 쥐는 긍정적 상징으로 사용되기도 하지만 불결이나 어둠을 대표하는 상징으로 흔히 사용되어 왔다. 그런 까닭에 곧잘 제거되어야 할 대상으로 취급받아 왔다. 하지만 이 시에 등장하는 할아버지는 그와 같은 통념을 뒤집어버린다. 행여 다칠세라 "쥐덫 대신 양동이"를 이용해 쥐를 잡을 뿐만 아니라 아침마다 잡은 쥐를 개울 건너 밤나무 밭에 놓아주는 수고를 마다하지 않는다. 시인은 화자를 통해 그와 같은 할아버지를 담담하게 그려낼 뿐 메시지를 직접 드러내지 않는다. 그런데도 생태주의를 표방한 그 어떤 작품보다도 강한 울림을 만들어내고 있다.

사람들이 온 산의 도토리를 싹 쓸어가서
배고프고 속상한 동물들을 대표해

"저기, 산에 사는 멧돼진데요……."

깜짝 놀란 경찰이
몽둥이를 들고 달려들어
멧돼지는 헐레벌떡 달아나며

"도토리 도둑은 놔두고 왜 나를 잡아요?"

시끄러운 소리에

환하게 불 밝힌 창마다

도토리 도둑들이 얼굴을 내밀고

"멧돼지 잡아라! 멧돼지!"

― 박기린,「한밤의 경찰서 앞」전문(계간《창비어린이》, 2019, 가을)

그 점은 이 시도 크게 다르지 않다. 1행인 "사람들이 온 산의 도토리를 싹 쓸어가서"에서 보듯이 작품의 전면에 멧돼지를 내세워 생태계 파괴의 주범인 인간중심주의를 비판하고 있다. 멧돼지는 "배고프고 속상한 동물들을 대표해" 민가로 내려와 사람들에게 자신들의 어려움을 호소해 보지만 안타깝게도 그들에게 가해지는 것은 경찰의 몽둥이세례일 뿐이다. 4연의 "도토리 도둑은 놔두고 왜 나를 잡아요?"에는 정작 잡아야 할 도토리 도둑은 그냥 놔두고 도리어 피해자인 산짐승을 가해자 취급하는 인간에 대한 멧돼지의 억울함이 잘 녹아있다. 이처럼 이 시는 대화체를 활용해 인간중심주의적 자연관을 고발하고 있으면서도 그와 같은 의도를 직접 드러내지 않고 행간에 감추고 있다. 더욱이 이 시의 경우 표면적으로 생태시를 표방하고 있지만 정치적 알레고리의 작품으로 읽어도 전혀 이상하지 않을 만큼 다양한 해석이 가능하다는 점에서 매력적인 작품이다.

가을 밤바다
행규 아재
집어등 손에 들고

불잡이 되어
멸치 떼를 먼저 유인해요.

뒤이어 기다리던 아재들
깡통 치며 그물로 몰아가요.

파닥파닥
멸치 떼 날아오르면

반짝반짝
은빛 꽃이 피어나지요.

깊은 밤
멸치잡이 아재들에겐
세상에서 가장 귀한 꽃이지요.

- 박진형, 「멸치꽃」 전문(계간 《열린아동문학》, 2019, 가을)

이 시는 멸치를 잡는 어부들의 모습을 노래하고 있다. "파닥파닥/멸치 떼 날아오르면//반짝반짝/은빛 꽃이 피어나지요"에서처럼 깊은 가을밤 멸치잡이를 하는 장면을 매우 구체적이면서도 생동감 있게 담아내고 있다. 멸치 떼를 "세상에서 가장 귀한 꽃"에 비유하여 노동의 신성한 가치를 감각적으로 표현한 것도 인상적이지만 이 작품의 가장 큰 매력은 멸치잡이라는 흔치 않은 소재를 활용해 그 나름의 개성을 확보하고 있다는 점이다. 실제로 우리 동시의 경우 성인시에 비해 독자성이 많이 부족한 편이다. 시인마다 경험한 환경이나 문화가 분명 다를 진대 작품의 내용이나 형식에서 별반 차이가 없다. 더욱이 각 지역의 문화를 시적으로 형상화한 작품은 많지 않다. 따라서 적어도 신인이라면 다른 사람의 시풍을 다르기보다 자신만의 독창적인 시세계를 창조해나갈 필요가 있다. 향후 어떤 행보를 보여줄지 모르지만 제주도 출신이라는 독특한 지리적 자양분을 지닌 만큼 앞으로 이 시인에게 거는 기대가 크다.

만화 속 사람이 달리면

다리가 새끼를 낳아

다리 가족이 우루루 함께 달려

더 빨리 달리면

기차바퀴로 합체해 달려

더 더 빨리 달리면

회오리바람으로 변신해서

쌩쌩 소리내며 달려

가끔 멈추지 못해

만화책 밖으로 날아가기도 해

내 다리는 늘어나지 않아

변신도 안 해

소리도 안 나

― 박지영, 「내 다리는 두 개」 전문(계간《동시발전소》, 2019, 가을)

  그 내용이 제목만큼이나 낯설게 다가오는 이 시는 만화 속에 한 장면을 묘사하는 것으로 시상을 전개하고 있다. "만화 속 사람이 달리면/다리가 새끼를 낳아/다리 가족이 우루루 함께 달려"로 시작된 화자의 진술은 "내 다리는 늘어나지 않아/변신도 안 해/소리도 안 나"로 마무리된다. 이처럼 이 시는 화자가 만화에 등장하는 다리와 자신의 다리를 비교하고 있을 뿐 그 이상의 전언은 보이지 않는다. 그 때문에 동시의 교육적 측면을 중시하는 사람이라면 이 시가 다소 이질적으로 느껴질 것이다. 실제로 2000년대 이후 새로운 시인들의 가세로 이전과 사뭇 다른 유형의 시들이 발표되면서 크고 작은 논쟁이 벌어졌다. 이는 도전과 응전이 곧 예술의 본령이라는 점에서 그만큼 우리 동시가 폐쇄적이라는 것을 말해준다. 30년대 '자유시 논쟁'과 60년대 '본격 동시운동'이 그랬듯이 앞으로도 우리 동시는 서로 다른 유형의 동시들이 대항하면서 발전해 나갈 것이다. 그런 의미에서 이와 같이 새롭고 다양한 작품이 많이 생산되는 것은 분명 긍정적인 현상이라고 할 수 있다.

3.

앞서 살펴본 것처럼 지난 계절에 발표된 신인들은 각각의 방법으로 세계를 인식하고 있다. 어떤 시인은 생태주의 시각으로, 또 어떤 시인은 지역문화주의 시각으로, 또 다른 어떤 시인은 예술주의 시각으로 세계를 바라본다. 그리고 그것을 통해 인식한 내용을 자신만의 언어로 풀어놓는다. 그 과정에서 우리 동시의 문학적 자산을 계승하기도 하고 때로는 그것에 저항하기도 한다. 그런 까닭에 이들의 작품은 비슷하면서도 조금씩 다른 저마다의 무늬와 빛깔을 지니고 있다. 그렇다고 모든 신인의 작품이 그런 것은 아니다. 안타깝게도 일부 작품의 경우는 전혀 신인다운 패기를 보여주지 못했다.

기성 시인이든 이제 막 등단한 시인이든 작품을 발표하는 일은 자신의 문학적 재능을 만인에게 평가받는 것이다. 그런 만큼 이를 결코 가볍게 여겨서는 안 된다. 이 글에서는 다루지 못했지만 박경임의 「엄마 주문하세요」(격월간 《동시마중》, 2019, 9-10), 이대일의 「인터뷰」(계간 《어린이와 문학》(2019, 가을), 서한의 「사슴」(계간 《창비어린이》, 2019, 가을), 변은경의 「아기모과」(계간 《어린이책 이야기》, 2019, 가을), 장시연의 「마음의 크기」(계간 《아동문학평론》, 2019, 가을)도 그 나름의 개성을 보여준 작품이었다.

발표 지면

제1부 낯섦의 미학

일상적 시공간을 뛰어넘는 미지의 세계: 《충북작가》, 2024, 하반기
낯섦의 미학: 《어린이책이야기》, 2019, 봄.
동심과 마주하는 따뜻한 시간: 《작가마당》, 2018, 하반기.
가슴에 초록 심장을 품다: 『고래가 온다』, 청개구리, 2024.
다채롭고 풍성한 동심의 세계: 『까만 색종이도 필요해』, 브로콜리숲, 2021.
가장 나답게, 가장 동시답게: 《동시 먹는 달팽이》, 2020, 겨울.
착하게 사는 것만큼 어려운 동시 쓰기: 《작가마당》, 2020, 하반기
도깨비의 재탄생: 《어린이책이야기》, 2019, 여름.

제2부 동시의 저울

따뜻한 시선과 명징한 이미지: 《어린이책이야기》, 2018, 겨울.
다섯 빛깔의 공감과 위로: 《어린이책이야기》, 2019, 가을
반세기 전, 아이들과의 만남: 《동시 먹는 달팽이》, 2022, 여름.
세심한 관찰력과 배려의 미학: 『엉뚱한 집달팽이』, 청색종이, 2024.
동시(童詩)의 저울: 『담과 담쟁이와 고양이』, 고래책빵, 2020.
한층 더 깊어진 시심과 사유의 힘: 『말랑말랑한 말』, 상상, 2020.
생태적 상상력과 동화시의 가능성: 『우주꽃의 비밀』, 걸음, 2021.
언제나 새롭고, 언제나 특별한: 『-+』, 도토리숲, 2022.

제3부 치열한 자기 부정의 정신

권태응 문학의 가치와 의의: 《충북작가》, 2018, 상반기.
미래 일기와 동시의 씨앗 창고: 《아동문학사조》, 2022, 상반기.

동시, 위기의 시대를 노래하다: 《작가마당》, 2022, 하반기.
현대 동시에 나타난 생태적 상상력: 《신생》, 2022, 여름.
동시와 관련한 몇 가지 짧은 생각: 《동시발전소》, 2021, 가을.
철학적 사유와 비평 정신: 《열린아동문학》, 2019, 봄.
시적 사고와 시적 표현: 《열린아동문학》, 2019, 가을.
치열한 자기 부정의 정신: 《열린아동문학》, 2019, 여름.
낯선 시인과의 만남: 《열린아동문학》, 2019, 겨울.